DANS LA MÊME COLLECTION

QU'EST-CE QUE SE SOUVENIR ?

COMITÉ ÉDITORIAL

CHEMINS PHILOSOPHIQUES

Collection dirigée par Roger POUIVET

Denis PERRIN

QU'EST-CE QUE SE SOUVENIR ?

Paris

LIBRAIRIE PHILOSOPHIQUE J. VRIN

6, place de la Sorbonne, V^e

2012

A Alice et Joachim

Christoph HOERL,
« The Phenomenology of Episodic Recall »,
in Ch. Hoerl and Th. McCormack (éd.), *Time and Memory*
© Oxford University Press, 2001, translated with permission.

© *Librairie Philosophique J. VRIN,* 2012

Imprimé en France
ISSN 1762-7184

ISBN 978-2-7116-2385-3

www.vrin.fr

QU'EST-CE QUE SE SOUVENIR?

Dans une anecdote célèbre, E. Claparède[1] rapporte qu'ayant dissimulé une aiguille entre ses doigts, il serra la main d'une femme amnésique. Peu après, la femme refusa la main qu'il lui tendait, en affirmant : « Il y a quelquefois des épingles cachées dans les mains ». Elle ne se souvenait manifestement ni de l'événement initial ni même que l'homme qui lui tendait la main était tout particulièrement susceptible de lui jouer un vilain tour. Sa réaction et l'affirmation qui l'accompagne montrent pourtant qu'elle avait gardé en mémoire quelque chose de l'épisode initial. Mon projet dans ce livre est de questionner la différence qui sépare le cas de la femme souffrant d'amnésie et celui d'une personne dont la mémoire n'est pas diminuée par une telle pathologie. En première approximation, cela signifie que l'on cherchera à comprendre en quoi le souvenir constitue une forme de mémoire particulière, que l'on qualifie d'« explicite », distincte de la mémoire dite « implicite » à laquelle la femme amnésique semble limitée. Il y a bien des façons d'entretenir un rapport conscient au passé : au moyen de photographies, de témoignages narratifs

1. « Récognition et Moiité », *Archives de Psychologie* (11), 1911, p. 85.

que nous recueillons auprès d'autrui, ou de raisonnements qui nous permettent de reconstruire notre passé. Quelles sont celles propres au souvenir ? Comment caractériser l'accès au passé qu'il nous offre ? Si l'on considère le souvenir comme un état mental intentionnel[1], les quatre sections de cet essai répondent aux questions précédentes par l'examen des points suivants : le *type* intentionnel du souvenir ; son *objet* intentionnel ; le caractère *diachronique* de son intentionnalité ; la *connaissance* que celle-ci permet.

SPÉCIFICITÉ ET VARIÉTÉ DU SOUVENIR

Souvenir et reconnaissance

Distinguons d'abord le souvenir de cette autre forme d'accès conscient au passé qu'est la *reconnaissance*. Selon un premier sens, celle-ci est la capacité catégorielle de distinguer les individus qui relèvent d'une certaine classe : je suis capable, par exemple, de reconnaître un toucan lorsque j'ai affaire à un oiseau de cette espèce. Mais la reconnaissance peut être également une certaine conscience du passé. Reconnaître un parfum peut consister à mettre en œuvre des compétences catégorielles, mais également à percevoir l'odeur en question comme l'une de celles que l'on a déjà senties dans le passé. Ce second type de reconnaissance n'est pas un simple sentiment de familiarité, comme celui que l'on éprouve au retour d'un long séjour à l'étranger lorsque l'on retrouve l'atmosphère particulière de son domicile. Il instaure un rapport explicite au

---

1. Par distinction avec un état phénoménal non-intentionnel comme celui de la douleur (par ex.).

passé, que l'on exprimera en disant (par ex.) qu'il nous est déjà arrivé de sentir tel parfum.

Pour autant, on ne peut assimiler souvenir et reconnaissance. D'abord parce que la reconnaissance, au second sens, implique la répétition d'une expérience similaire à une expérience passée (par ex. sentir présentement un parfum) qu'accompagne la conscience de cette similitude, alors que le souvenir n'inclut pas une telle répétition : se souvenir d'une douleur n'implique pas de l'éprouver de nouveau. Un indice présent tout au plus déclenche le souvenir, mais il ne compte pas au nombre de ses éléments constitutifs. Ensuite parce que la reconnaissance n'implique pas le renvoi défini au passé qui caractérise le souvenir. Reconnaître un parfum suppose seulement que l'on ait conscience d'en avoir déjà eu l'expérience, et non pas que l'on soit capable de déterminer plus précisément cette expérience ni de s'y rapporter de façon plus directe. Enfin parce que les cas de dissociation sont fréquents entre reconnaissance et souvenir. Il peut arriver que le souvenir ne fournisse aucun élément permettant d'identifier (par ex.) la route que l'on emprunte pour se rendre à un endroit donné et que l'on retrouve pourtant facilement l'itinéraire en reconnaissant, au fur et à mesure que l'on avance, tel ou tel élément de l'environnement dans lequel la route déroule son tracé.

Souvenir épisodique et souvenir sémantique

Le terme ordinaire *souvenir* s'applique à des cas très différents. Il est possible de se souvenir d'événements passés que l'on n'a pas vécus soi-même, comme d'une période de l'histoire antérieure à sa propre naissance, ou d'épisodes autobiographiques dont on a acquis la connaissance grâce au témoignage d'autrui, ou encore de choses qui n'ont pas de rapport manifeste au temps, comme un poème ou un théorème de logique. Les deux premiers cas illustrent un rapport au temps différent de celui qui est commun à la reconnaissance (en son second sens) et au souvenir tel qu'il a été considéré jusqu'ici. Le dernier suffit à montrer que tout type de souvenir n'implique pas une conscience du temps[1]. On a souvent regroupé ces différents cas sous le même concept de souvenir des faits – N. Malcolm parle de « souvenir factuel »[2] – que l'on caractérise comme une connaissance qui porte sur des choses qui n'appartiennent pas nécessairement à la biographie passée du sujet remémorant et qui prend la forme linguistique typique « se souvenir *que p* ».

Intuitivement, la différence est grande entre ce type de souvenir et ceux qui consistent en la remémoration d'une expérience antérieure telle qu'elle a été vécue. Anne raconte à son frère Pierre des vacances en famille de leur petite enfance[3]. Elle lui décrit la forme particulière d'une maison où ils ont séjourné à cette occasion. Pierre ne réussit pas à s'en souvenir. Néanmoins, en s'appuyant sur la description de sa sœur, il parvient à recomposer en imagination l'allure qu'avait la maison. S'il retient ce que lui a dit Anne, on peut considérer

1. Dans un texte célèbre, H. Bergson distingue ainsi entre le souvenir d'une leçon que l'on a apprise et le souvenir des différents moments au cours desquels l'apprentissage a été effectué (*Matière et mémoire*, Paris, P.U.F., 1896, chap. II, p. 83 *sq.*).

2. *Cf.* N. Malcolm, « Three Lectures on Memory » in *Knowledge and Certainty*, Englewood Cliffs, NJ, Prentice-Hall, 1963.

3. Voir les exemples similaires donnés par D. Hume, *A Treatise of Human Nature*, trad. fr. Ph. Saltel, *Traité de la nature humaine*, Paris, GF-Flammarion, 1995, I, 3, 5, Appendice (commenté *infra*), G. Evans, *The Varieties of Reference*, Oxford, Oxford University Press, 1982, p. 308 et J. Campbell, *Reference and Consciousness*, Oxford, Oxford University Press, 2002, p. 179-180.

qu'il possède désormais le souvenir factuel (verbal et pictural) *que* la maison avait telle forme. Mais quelque temps plus tard, un déclic se fait en lui. Tout à coup, il revoit la maison exactement comme il l'a vue des années auparavant. Il se souvient *d'*elle[1]. On dira encore qu'il en a un « souvenir personnel » (Malcolm)[2]. Du souvenir comme connaissance de faits (autobiographiques, en l'occurrence) se distingue donc le souvenir comme reviviscence d'expériences. Mais avec cette distinction, nous n'avons que l'énoncé d'un problème. Une grande partie de la philosophie et de la psychologie du souvenir s'emploie en effet à essayer de comprendre cette dualité inhérente au phénomène du souvenir, et en particulier, à saisir la nature du rapport explicite au passé propre au second type de souvenir acquis par Pierre.

Le psychologue canadien E. Tulving a proposé une tripartition du phénomène de la mémoire qui a donné à la distinction que je viens d'évoquer une dénomination et une description largement reprises par les réflexions contemporaines sur le souvenir[3]. La présentation de son analyse nous

1. La distinction « se souvenir *que* / *de* » est utilisée à des fins de clarification. Dans le discours ordinaire, on utilise parfois la première expression pour exprimer un souvenir personnel et la seconde pour exprimer un souvenir factuel.

2. Malcolm caractérise le souvenir « personnel » de *x* comme un souvenir entièrement fondé sur l'expérience antérieure que le sujet remémorant a eue de *x*. Il en distingue le souvenir « perceptuel » en ajoutant, pour ce dernier, la condition que l'état mental mémoriel présent contienne des images mentales issues des perceptions initiales. Un souvenir peut donc être personnel sans être perceptuel, mais pas l'inverse (*cf.* « Three Lectures on Memory », *op. cit.*, p. 203 *sq.*).

3. *Cf.* notamment E. Tulving, « Memory and Consciousness », *Canadian Psychology / Psychologie Canadienne*, 1985, 26 : I et M. A. Wheeler, D. T. Stuss, E. Tulving, « Toward a Theory of Episodic Memory » (*Psycho-*

sera utile pour entamer notre réflexion. Il faut cependant garder à l'esprit qu'elle a été interprétée ou contestée de différentes façons, comme nous aurons l'occasion de le voir.

Tulving sépare d'abord la mémoire « procédurale », qui est celle des aptitudes et n'inclut aucun contenu représentationnel – le nageur retient ainsi la technique du crawl – de la mémoire « déclarative », qui forme une représentation du monde et correspond au phénomène du souvenir compris en un sens large[1]. Au sein de la catégorie de la mémoire déclarative, Tulving distingue les souvenirs « sémantiques »[2] des souvenirs « épisodiques »[3]. Tout comme les souvenirs factuels, les souvenirs *sémantiques* représentent des faits d'ordres différents : faits généraux relatifs au monde (la couleur des animaux ou les départements français), faits concernant des

---

logical Bulletin, 1997, vol. 121, n°3). La distinction épisodique/sémantique caractérise la mémoire dite « à long terme (ou) secondaire » (par ex. celle d'événements relativement éloignés de nous dans le temps et dont nous nous souvenons après ne plus y avoir pensé), par opposition à la mémoire de ce qui vient tout juste de se produire et dont notre conscience suit le recul progressif dans le passé, dite « mémoire à court terme (ou) primaire (ou) de travail » (par ex. celle que vous avez des mots du début de cette phrase au moment où vous parvenez au terme de cette parenthèse).

1. Que la mémoire déclarative soit celle des souvenirs représentationnels n'implique pas que ces souvenirs soient toujours actualisés ni même accessibles. Ils doivent être compris aussi bien comme des *dispositions* que comme des *occurrences*.

2. Dans mon propos, « sémantique » désignera tantôt une catégorie de souvenir et tantôt ce qui concerne la signification d'une expression ou d'un état mental. Le contexte permettra aisément de savoir à quelle acception on a affaire à chaque fois.

3. Un moyen expérimental classiquement utilisé pour distinguer souvenir épisodique et souvenir sémantique est fourni par le test dit du *remember/know*, qui consiste à demander à un sujet s'il caractériserait telle de ses remémorations comme une connaissance (*know*) ou comme un souvenir (*remember*).

événements particuliers (historiques, par ex.) ou encore faits autobiographiques (les différents lieux où l'on a habité ou son état civil). De ces faits, les souvenirs sémantiques constituent une connaissance qui requiert des compétences conceptuelles puisque, d'une part, on doit maîtriser les catégories conceptuelles de couleur et d'animal pour pouvoir se souvenir de la couleur des animaux, et d'autre part, la mémoire sémantique organise l'information qu'elle stocke selon des principes de parentés et de différences conceptuelles (même si vous apprenez les noms des départements français en des occasions distinctes, votre mémoire sémantique les regroupera).

Les souvenirs *épisodiques*, quant à eux, sont la représentation non pas de faits mais d'épisodes de l'expérience passée du sujet auquel ces souvenirs appartiennent, que le sujet ait simplement assisté à ces épisodes ou qu'il y ait été actif[1]. Le terme « épisode » désigne ici une portion d'expérience qui donne lieu à la saisie d'un événement (avoir ressenti tel parfum en telle occasion) ou d'une chose (la maison que Pierre a vue lors de telles vacances)[2]. Selon Tulving, les souvenirs épisodiques possèdent notamment deux traits distinctifs. Le premier est le mode de conscience – appelé « autonoétique » – qui les accompagne. On a dit que ce qui est remémoré en eux l'est de la façon dont on en a fait l'expérience dans le passé. Une chose remarquable est qu'on éprouve alors l'expérience remémorée comme le prolongement vers le passé de son expérience présente, plutôt qu'on ne sait que

---

1. Ils correspondent à ce que Malcolm appelle souvenirs « perceptuels », c'est-à-dire aux souvenirs personnels dans lesquels l'expérience sensible passée est réactivée sous forme d'images mentales.
2. Dans la suite de mon étude, à des fins de simplicité, je prendrai pour exemple typique de souvenir épisodique celui d'un événement *p*.

l'expérience de l'événement appartient à son existence
passée[1]. Le souvenir épisodique suppose donc une forme de
conscience de soi à travers le temps particulière[2], que certains
assimilent à un « voyage mental à travers le temps » dans la
mesure où le souvenir épisodique exige de se reporter vers la
phase passée de l'expérience où l'événement a été perçu. En
outre, le souvenir épisodique se distingue du souvenir sémantique non par le thème de l'information qu'il transmet,
puisqu'un souvenir autobiographique peut être sémantique et
qu'un souvenir épisodique, inversement, peut ne pas être autobiographique (il peut n'avoir d'importance ni pour le cours de
mon existence ni pour mon identité personnelle), mais par la
nature de cette information[3], puisqu'à la différence de l'information sémantique, l'information épisodique ne requiert de
compétences conceptuelles ni pour être saisie (on peut se
souvenir simplement d'une émotion), ni pour être ordonnée
puisqu'elle l'est par le temps[4].

La suite de cette étude se concentre sur cette forme
particulière de souvenir qu'est le souvenir épisodique – sauf

1. La dissociation de ces deux formes de conscience temporelle se
manifeste clairement dans les cas d'amnésie épisodique. L'amnésique
épisodique peut savoir que tels et tels événements constituent des épisodes de
son existence passée sans pouvoir se souvenir d'aucun.

2. Pour Tulving, la conscience épisodique s'étend également vers le futur,
puisqu'on peut se projeter vers l'avenir en imaginant l'expérience que l'on fera
de tel événement que l'on attend, espère, craint etc.

3. Un débat épistémologique majeur de la psychologie contemporaine du
souvenir est précisément de savoir si souvenir épisodique et souvenir
sémantique consistent en des types d'information différents (cf. E. Tulving,
« Memory and Consciousness ») ou identiques (cf. l'attributionnalisme, exposé
infra).

4. L'affirmation selon laquelle souvenir épisodique a un contenu non-
conceptuel est en réalité objet de débat. Je devrai laisser ce point de côté.

précision contraire, c'est de lui que je parlerai lorsque j'utiliserai le terme « souvenir ». Mais évidemment, mener à bien ce projet suppose de caractériser également le souvenir sémantique.

Souvenir, croyance, perception

Lorsque j'ai distingué la reconnaissance du souvenir, j'ai souligné que celui-ci n'impliquait pas l'occurrence d'une perception présente. Comme le remarque T. Reid contre la conception de Locke [1], le simple fait de regarder de nouveau le visage d'un ami après l'avoir observé et s'être détourné de lui quelques instants ne constitue manifestement pas un cas de souvenir [2]. Se souvenir, ce n'est pas répéter une expérience passée en une occurrence numériquement distincte. Et pourtant, sous sa forme épisodique, le souvenir met en jeu quelque chose comme une « ré-expérience » d'un épisode passé, et dans de nombreux cas, cette ré-expérience entretient des rapports de similitude avec la perception. Quels sont-ils ? Et plus largement, quelle place le souvenir occupe-t-il dans la géographie des phénomènes psychologiques ? La

---

1. J. Locke écrit dans son *Essay Concerning Human Understanding* (1690), trad. fr. *Essai sur l'entendement humain*, Paris, Vrin, 2001, p. 137 : « Car se remémorer, c'est percevoir quelque chose avec le souvenir ou la conscience qu'on l'a connu ou perçu auparavant ». Comme le remarque Reid, la reviviscence dont parle Locke est une perception certes similaire à la perception passée mais numériquement distincte d'elle.

2. *Essays on the Intellectual Powers of the Mind* (1785), édition électronique J. Bennett, 2006, III, chap. 7, p. 145. Selon Reid, la même objection peut être adressée à Hume lorsqu'il dit que « nous répétons nos impressions » par la mémoire ou lorsqu'il parle de la « répétition [d'une] impression dans la mémoire » (Hume, *A Treatise of Human Nature*, respectivement p. 50 et 148).

comparaison du souvenir, de la perception et de la croyance nous fournira des éléments de réponse.

Certains soutiennent que le souvenir en général, et sous sa forme épisodique en particulier, est de nature *doxastique*. Cette thèse est largement défendue au sein de la tradition empiriste. Selon celle-ci[1], le souvenir véritable a pour contenu typique une image mentale – par exemple, celle de la scène visuelle dont je me souviens. La question se pose alors de savoir ce qui doit lui être ajouté afin qu'elle se distingue d'un simple produit de l'imagination, ou d'une image anticipatrice, et lui confère sa valeur mémorielle. Si l'on suit l'analyse de B. Russell[2], l'image mentale qui résulte d'une expérience passée peut avoir pour propriété intrinsèque de paraître familière à celui qui en a conscience. Cette propriété déclenche et justifie la croyance que ce qui est représenté par l'image est le contenu d'une expérience passée. La conception doxastique s'accompagne donc souvent d'une approche inférentialiste qui fonde l'auto-attribution de souvenir sur un processus de détection et d'interprétation de certaines propriétés de l'image mémorielle (le sentiment de familiarité, chez Russell). De ce processus résulte l'adjonction de la croyance mémorielle – Russell parle de « sentiment de croyance (*belief-feeling*) » – à l'image et la possession par celle-ci d'une « signification »

---

1. Hume (*A Treatise of Human Nature*, p. 147), W. James (*The Principles of Psychology* (1890), London, Harvard University Press, 1981, p. 610-11) et B. Russell (*The Analysis of Mind* (1921), London, Routledge, 1997, p. 160) adoptent cette position du problème.

2. Sous des formes différentes, l'idée que le renvoi représentationnel diachronique constitutif du souvenir épisodique consiste en une croyance a été défendue aussi bien par Hume que par la théorie psychologique contemporaine de l'attributionnalisme (cf. *infra* pour une présentation).

mémorielle, à savoir qu'elle représente l'expérience passée d'un événement par le sujet remémorant.

> **Conception doxastique.** Se souvenir épisodiquement de p, c'est croire que l'image mentale de p reproduit l'expérience que l'on a eue de p dans le passé.

Alors que certains contenus de croyance sont par eux-mêmes temporels (par ex. le contenu exprimé par « César a débarqué en Grande-Bretagne en 55 avant J.-C. ») sans être des contenus mémoriels épisodiques, le contenu du souvenir n'est pas nécessairement temporel en lui-même. Selon la conception considérée, c'est l'assentiment doxastique qui, dans le cas du souvenir épisodique, confère son intentionnalité diachronique spécifique au contenu.

La conception doxastique est cependant exposée à de sérieuses objections. L'examen de certains traits communs au souvenir et à la perception me donnera l'occasion de les formuler.

L'objection de la commune imperméabilité du souvenir épisodique et de la perception aux croyances. Imaginons le cas suivant. Il me semble me souvenir avoir vu mon ami X la semaine dernière à Paris. J'ai même des images très précises de notre rencontre. Mais alors que j'évoque celle-ci avec X au téléphone, il m'assure que cette rencontre n'a pu avoir lieu car il séjourne depuis six mois à l'étranger. Dans ce cas, je suis amené à réviser les croyances que j'entretiens sur mon passé. Le souvenir factuel que j'ai rencontré X la semaine dernière sera ainsi purement et simplement abandonné ; il manifeste par là sa perméabilité aux croyances et sa nature doxastique. En revanche, cette révision n'affectera pas nécessairement l'impression (erronée) de souvenir épisodique ni même sa force suggestive. Alors que je ne peux plus avoir le souvenir factuel que j'ai rencontré X – il n'y a pas d'impression de souvenir factuel – je continuerai sans doute à avoir le souvenir épisodique apparent de l'avoir rencontré, de même qu'une illusion perceptive ne disparaît pas du seul fait d'être reconnue comme telle. Cela suggère que le souvenir épisodique n'est pas une croyance.

L'objection du contact cognitif[1]. S'il est légitime de dire que le souvenir préserve un contact cognitif avec le passé, il l'est tout autant de souligner que ce contact diffère selon le type de souvenir considéré. Dans le cas du souvenir factuel, la rétention de la connaissance acquise dans le passé implique que le sujet remémorant possède une connaissance présente. Par exemple, avoir appris et retenu que C. Colomb a débarqué en Amérique en 1492 implique que l'on sache/se souvienne présentement de façon sémantique que C. Colomb etc. Cela s'explique notamment par la propriété des faits – objets du souvenir factuel – d'être immuables. Puisque le fait concernant C. Colomb ne s'altère pas avec le temps, il faut et il suffit, pour se souvenir factuellement, que le sujet remémorant préserve le même rapport cognitif avec lui jusqu'au présent. Le cas du souvenir épisodique est bien différent. En premier lieu, le rapport cognitif que préserve ce type de souvenir n'est pas une connaissance factuelle, comme le suggère l'impossibilité de considérer la seconde des deux propositions suivantes comme décrivant l'origine de la première :

1) Marie se souvient de Jean s'endormant lors de la dernière réunion.

2) Marie savait que Jean s'endormait lors de la dernière réunion.

C'est que le contact cognitif initial dont dérive le souvenir épisodique n'est pas la connaissance d'un fait mais l'appréhension perceptive d'un événement, que l'on décrira de la façon suivante :

3) Marie vit Jean s'endormir lors de la dernière réunion.

En second lieu, et en conséquence, de la rétention du contact cognitif passé ne résulte pas un contact cognitif présent similaire. (4) ne peut être dérivée de (1) :

4) Marie voit Jean s'endormir lors de la dernière réunion.

De ce que Marie a appréhendé de façon perceptive l'événement de l'endormissement de Jean, il ne résulte pas qu'elle réitère cette appréhension lors de la remémoration. La préservation de l'appréhension passée n'implique pas une appréhension présente mais le rappel d'une appréhension passée. Bien entendu, on peut dire que (5) dérive de (1) :

5) Marie sait/se souvient (sémantiquement) que Jean s'est endormi lors de la dernière réunion.

Mais il s'agit d'une croyance relative au passé éventuellement fondée sur le souvenir épisodique, et non de ce souvenir lui-même. Le souvenir épisodique n'est pas une croyance présente, mais la rétention d'une appréhension passée.

Nous rencontrerons, au cours des analyses à venir, des conceptions qui tiennent pour acquis que le souvenir épisodique appartient à la catégorie des croyances. Les remarques précédentes montrent qu'il s'agit là d'une thèse particulière, qui mérite d'être discutée [1].

L'OBJET DU SOUVENIR

Le problème classique que pose l'objet perceptif est bien connu : percevons-nous ce qui cause notre expérience perceptive ou seulement l'effet en nous de cette cause ? Quel accès cognitif la perception nous fraie-t-elle en direction des choses ? Une question similaire se pose dans le cas du souvenir, mais avec une tension problématique redoublée par la distance temporelle. Si le souvenir se rapporte à des choses ou des événements qui, relativement à lui, sont situés dans le passé, n'y a-t-il pas une impossibilité de principe à ce qu'il les atteigne ? Nous avons pourtant distingué le souvenir épisodique en raison du rapport direct qu'il établit avec un événement passé. Mais alors comment concilier ces intuitions contradictoires ? Quel est l'objet du souvenir ?

Le dilemme réaliste

Certains philosophes ont poussé le rapprochement du souvenir et de la perception jusqu'à soutenir que le souvenir épisodique était une conscience immédiate d'un événement passé similaire à la conscience perceptive – on parle alors du « réalisme direct naïf » [2]. Il semble pourtant difficile de soutenir sans plus de nuance que nos esprits sont capables de se

---

1. La conception causaliste, en particulier, relaiera cette mise en cause.

2. *Cf.* Russell, *The Problems of Philosophy* (1912), S. Alexander, *Space, Time and Deity* (1920) et H. H. Price « Memory-Knowledge », *Proceedings of Aristotelian Society*, Suppl. vol. 15, 1936.

rapporter au passé comme s'il le percevait. D'abord parce que cela supposerait, outre une ontologie discutable des événements et des individus, ce que l'on pourrait appeler une capacité de clairvoyance, qui permettrait à l'esprit de franchir le temps comme le regard franchit l'espace grâce à un télescope. Il est manifeste que l'on décrit plus justement le souvenir en disant que l'une de ses conditions est qu'il soit précédé d'une expérience dont il est dérivé et qu'il retient. Si le réalisme naïf était correct, les jugements mémoriels devraient en outre pouvoir manifester le type d'incorrigibilité propre aux jugements perceptifs. Or tandis qu'une perception effectuée dans des conditions normales exclut le doute ou le rend très improbable, il n'est pas rare que nous ayons à renoncer à un souvenir qui nous paraissait sûr. Ces réticences encouragent à adopter une conception « réaliste indirecte » (ou : « représentationnaliste ») du souvenir. Celle-ci s'oppose au réalisme naïf sur la question de l'objet du souvenir en affirmant qu'il n'est pas l'événement passé dont on se souvient mais une *représentation* de cet événement.

Se dessine donc le dilemme suivant. Chacun des deux protagonistes qui s'affrontent paraît exprimer une propriété nécessaire du souvenir, et pourtant, on ne semble pouvoir admettre l'une d'elles sans renoncer à l'autre. N'est-il pas impossible que tel souvenir soit bien le souvenir de *p* si *p* n'est pas présent devant l'esprit ? Mais en même temps, la localisation temporelle de l'objet du souvenir n'implique-t-elle pas que celui-ci ait pour objet immédiat une simple représentation (typiquement, une image mentale) de *p* ? Y a-t-il un sens acceptable auquel un événement passé *lui-même* puisse être l'objet du souvenir ? Le débat entre les deux formes de réalisme est l'un des plus anciens et des plus importants de la philosophie du souvenir. Deux attitudes sont possibles à son égard.

On peut contester le débat lui-même, en soutenant qu'un présupposé erroné et commun aux positions en présence est qu'il y aurait un état psychologique spécifique dont la nature serait mémorielle. Selon ce présupposé, la bonne façon d'élucider le phénomène du souvenir est de saisir et d'expliciter sa nature mentale intrinsèque, par exemple en tentant de circonscrire un certain nombre de traits phénoménologiques qui forment des conditions nécessaires et distinctives de l'expérience du souvenir. Contre ce type d'élucidation, certains soutiennent d'abord que l'idée d'une nature mentale spécifique du souvenir est illusoire et qu'on a beau chercher dans l'esprit, on n'y trouve que des images mentales, des sentiments ou des pensées qui sont toujours susceptibles, dans tel ou tel contexte d'occurrence, de ne pas être constitutifs d'un souvenir. Ils remarquent ensuite que, dans bien des cas, le souvenir n'est accompagné d'aucune image, d'aucun sentiment, ni d'aucune pensée particulière. Imaginez (par ex.) que mon amie me demande si je me souviens de l'endroit où elle a rangé ses clés en arrivant tout à l'heure et que je réponde à sa question en traversant la pièce, en ouvrant un tiroir et en y prenant les clés. On pourra parfaitement décrire mon comportement en disant : « Il s'est souvenu de l'endroit ». Et si je concède que j'ai eu présente à l'esprit, lorsque j'ai accompli cette action, une image du tiroir et de mon amie y déposant ses clés, il reste possible que la même image me soit présente à l'esprit alors que je suis en train de réfléchir à l'endroit où je vais demander à mon amie de déposer les clés en partant. Bref, l'image n'a en elle-même rien de mémoriel, et plus largement, il n'y aurait rien de tel qu'une entité mentale que l'on pourrait isoler et désigner comme étant spécifiquement un souvenir. Ce sont les contextes pratiques (par ex. la question de mon amie) qui conféreraient à des événements mentaux et des gestes physiques leur qualité mnésique [1].

Une seconde attitude considère à la fois que le débat est pourvu de sens et que la tension dilemmatique est résorbable. Faire valoir cette seconde attitude suppose cependant d'affiner et de nuancer la formulation des deux réalismes.

Le réalisme indirect

Il semble naturel de considérer que le processus du souvenir consiste dans le dépôt d'une trace – ou « engramme » – dans le cerveau au moment où un événement est encodé, en la persistance de cette trace à travers le temps, qui permet de franchir le fossé temporel qui sépare présent et passé, puis en sa récupération au moment du souvenir, la trace déterminant le contenu de l'état de conscience mémoriel. Le pivot du phénomène du souvenir consisterait donc en une représentation emmagasinée et conservée qui supporterait l'accès mémoriel cognitif au passé. L'idée de copie ou d'image, qu'une grande part de la tradition philosophique, d'Aristote jusqu'à Russell en passant par Augustin et Hume, a utilisée pour décrire le souvenir, donne sa formulation paradigmatique au représentationnalisme.

---

1. On trouvera une formulation de cette conception d'inspiration wittgensteinienne (*cf.* L. Wittgenstein, *Philosophische Untersuchungen*, trad. fr. *Recherches philosophiques*, Paris, Gallimard, 2004, sect. 305 et *The Blue and Brown Books*, trad. fr. *Le Cahier bleu et le Cahier brun*, Paris, Gallimard, 1996, p. 90) chez N. Malcolm (*Memory and Mind*, London, Cornell University Press, 1977, p. 48-53), mais également dans la tradition anti-cognitiviste en psychologie contemporaine (*cf.* D. Edwards, D. Middleton (éd.), *Collective Remembering*, London, Sage, 1990).

Représentationnalisme. *S* se souvient de *p* seulement si *S* a une représentation interne de *p*.

Si l'on s'en tient à cette formulation générale, le représentationnalisme peut prendre lui aussi une forme naïve, selon laquelle le souvenir consiste simplement en la perception interne d'une trace imprimée dans la matière cérébrale, semblable à la marque imprimée par un sceau sur une tablette de cire. Cette conception soulève cependant plusieurs objections.

Le problème de l'actualisation. Une première difficulté apparaît si l'on se concentre sur l'actualisation de la représentation lors du souvenir. Le souvenir a en effet une réalité dispositionnelle et une question importante est de savoir ce qui se passe au moment où il est actualisé. Selon la formule de C. B. Martin et M. Deutscher, que doit-on faire dans le présent pour se souvenir?[1] On a objecté au représentationnalisme qu'il peine à expliquer comment s'opère le choix de la représentation pertinente[2]. Imaginons que l'on se trouve face à une personne que l'on est sûr d'avoir déjà rencontrée sans réussir à se souvenir de l'occasion de cette rencontre. Selon la conception représentationnaliste, on possède, déposée quelque part dans son esprit, la représentation mentale qui permettrait d'identifier la personne en question – peut-être s'agit-il de la représentation de cette personne dans le contexte d'une fête chez des amis. Réussir à la reconnaître supposerait que l'on soit capable d'associer la représentation stockée à la

---

1. C. B. Martin, M. Deutscher, « Remembering », *The Philosophical Review*, 75, 1966, p. 172.

2. *Cf.* S. Wilcox, S. Katz, « A Direct Realist Alternative to the Traditional Conception of Memory », *Behaviorism*, 9, 1981.

perception visuelle de la personne. Mais comment l'esprit peut-il sélectionner la représentation pertinente ? Il est évident qu'il ne parcourt pas l'ensemble des représentations qu'il contient pour les comparer successivement à la perception visuelle présente. Dès lors, pour que la recherche qu'il opère puisse accomplir son travail de sélection, il faut qu'elle soit guidée par une information, c'est-à-dire qu'il faut que l'on sache quelque chose au sujet de la personne que l'on voit (par ex. qu'on l'a déjà rencontrée chez des amis plutôt que dans un cadre professionnel). Mais acquérir cette information suppose précisément que l'on retrouve la représentation en question, c'est-à-dire que l'on *se souvienne*, selon l'explication que le représentationnalisme donne de ce phénomène. Cette explication est donc circulaire.

Le problème de l'imagerie mentale. La théorie représentationnaliste pense souvent le moment de la remémoration sous la forme de l'occurrence d'une image mentale, parfois conçue comme le pendant mental de la trace cérébrale que l'on suppose être déposée par l'expérience passée de l'événement remémoré. Le souvenir comporterait donc un élément essentiel d'imagerie mentale. Outre le fait déjà relevé qu'il existe des cas de souvenir dépourvus d'un tel élément, cet aspect de la conception représentationnaliste n'est pas sans poser problème. D'abord parce qu'il revient à penser le souvenir comme une conscience d'image. Or même dans les cas où les souvenirs comportent des qualités senso-rielles visuelles, il est remarquable que l'on n'entretient pas en lui la conscience d'image que l'on rencontre lorsqu'on ima-gine quelque chose. Le phénomène de la conversion d'un souvenir factuel en un souvenir épisodique dans l'histoire d'Anne et de Pierre le montre bien. Si l'on demande à Pierre de décrire son état de conscience une fois que le déclic s'est produit, il dira sans doute qu'il ne se forme plus une image de la scène mais que désormais il la « revoit ». En d'autres termes, s'il y a représentation, celle-ci n'a plus le statut d'illustration imaginaire d'une description verbale mais celui de la reviviscence d'une perception visuelle passée. Ensuite parce que lorsqu'elle est utilisée pour rendre compte du souvenir, la notion d'image suggère le modèle du décalque, c'est-à-dire l'idée que le souvenir consiste en la simple reproduction ou duplication mentale d'une trace elle-même isomorphe à l'événement encodé. Or de nombreux résultats expérimentaux issus de la psychologie montrent que le contenu du souvenir est façonné par de multiples facteurs en plus de celui de l'expérience passée qui en forme la cause originelle [1].

Il paraît donc indispensable d'amender la formulation générale du représentationnalisme que l'on vient de discuter. Une nuance majeure concerne le rôle exact que l'on attribue à la représentation dans le souvenir. Il est en effet possible de soutenir que quelque chose comme une trace est déposée lors de la perception de l'événement qui sera remémoré, sans affirmer pour autant que l'objet du souvenir est la trace en question ou l'image mentale correspondante. Une erreur souvent faite au sein de la tradition empiriste classique, et qu'il faut évacuer, est de tenir pour acquis que l'objet du souvenir est identique à sa cause prochaine. En réalité, il faut distinguer la cause prochaine du souvenir, *sc.* quelque chose comme une représentation présente, de l'objet du souvenir, qui est passé. La représentation peut parfaitement remplir son rôle de préservation sans être l'objet du souvenir.

---

1. *Cf.* D. Schacter, *Searching for Memory*, trad. fr. *A la recherche de la mémoire*, Paris, Dunod, 1999, chap. 4.

Cette précision est importante car une fois la distinction opérée, le représentationnalisme devient compatible avec des formes non naïves de réalisme direct. Il permet, en effet, de penser une conscience du passé qui ne soit pas, au niveau mental, la conscience d'un état présent (une image mentale, par ex.) sur le fondement de laquelle des inférences seraient opérées au sujet du passé.

Le réalisme direct

Un trait de similitude du souvenir épisodique et de la perception est que, dans les deux cas, nous avons l'impression d'entretenir une relation directe avec l'objet de notre état intentionnel. L'un des défis que doit relever un réaliste direct est précisément de donner à cette idée une forme viable du point de vue théorique. Contre le réalisme naïf, j'ai rappelé la condition nécessaire que le souvenir soit précédé d'une expérience passée correspondante. Mais comment peut-on concevoir un rapport direct avec le passé alors que le souvenir est essentiellement différé? Autrement dit, comment faut-il entendre l'expression « direct » ici?

Trois acceptions de ce terme sont classiquement distinguées dans le champ de la philosophie du souvenir[1]. I) Selon son acception *métaphysique*, il signifie l'absence de toute entité qui figurerait en position d'intermédiaire entre le sujet remémorant et ce dont il se souvient – il s'agit de l'acception privilégiée par le réalisme naïf. II) Selon

---

1. Selon une quatrième acception parfois invoquée, et que j'ai considérée plus haut, le souvenir et la perception sont des relations épistémiques « directes » au sens où l'information qu'ils transmettent est admise spontanément comme véridique sans questionnement de sa véridicité.

son acception *épistémique*, il qualifie une connaissance mémorielle qui n'est fondée que sur l'expérience passée du sujet remémorant et ne doit rien ni au témoignage d'autrui ni à aucun raisonnement qui infèrerait de certains faits (présents ou passés) à l'occurrence d'événements ou à l'existence d'individus passés. III) Selon son acception *sémantique*, enfin, il caractérise les expressions dites « référentielles », qui ont pour signification leur référent lui-même et non pas une description conceptuelle de celui-ci. Les défenses les plus solides du réalisme direct exploitent les acceptions épistémique et sémantique. J'examine dans cette section la ligne sémantique de défense ; des éléments de la ligne épistémique se trouvent dans la section consacrée à la gnoséologie du souvenir.

La défense sémantique : les démonstratifs mémoriels. Deux faits sémantiques ont été avancés en faveur du réalisme direct sur la question du souvenir. Le premier est dû à Russell. Celui-ci distingue deux modes de connaissance : une connaissance directe (« par accointance »), qui consiste en la seule relation de saisie intuitive de l'objet connu ; une connaissance indirecte (« par description »), de nature discursive car formée de concepts qui décrivent de façon correcte l'objet connu, et qui ne requiert donc pas la présence de celui-ci. La connaissance par accointance et la connaissance par description sont définies par Russell au moyen de catégories sémantiques[1] : l'expression linguistique typique de la connaissance directe prend la forme des termes qui ont pour signification leur référent – comme les démonstratifs du type « ceci » – tandis que la connaissance par description prend la forme linguistique d'expressions dont le ressort référentiel

---

1. *Cf.* Russell, « On Denoting » (1905).

consiste en la satisfaction de concepts. Russell applique ces deux distinctions corrélatives (épistémique et sémantique) au cas du souvenir et il admet, dans la première moitié des années 1910[1], la possibilité d'une connaissance mémorielle du passé par accointance – le «souvenir immédiat». Il distingue ainsi les connaissances du passé qui s'expriment respectivement par les deux types de déclaration suivants :

6) Ceci est passé.

7) Une entité avec telle ou telle caractéristique a existé dans le passé.

Le souvenir descriptif peut prendre la forme d'un souvenir procédant par images mentales, dit Russell. A sa picturalité près, l'image remplit alors le même rôle que la description verbale dans (7). Mais contre le compte rendu représentationnaliste, Russell soutient qu'il existe des cas de souvenir dans lesquels l'entité passée remémorée est elle-même un constituant : par exemple, lors de l'écoute d'une mélodie musicale, la mesure que j'ai entendue il y a quelques secondes, alors même qu'elle ne retentit plus physiquement, est encore présente d'une façon qui n'est certes pas sensible mais pourtant pas encore représentationnelle[2]. Ce genre d'exemple plaide en faveur de l'idée que la relation d'accointance peut être entretenue avec des objets passés.

---

1. Au cours de sa carrière philosophique, Russell est passé, sur la question du souvenir, d'une conception réaliste directe à une conception représentationnaliste. La première est celle présentée ici (cf. *The Problems of Philosophy*, «On the Nature of Acquaintance» (1914) et *Theory of Knowledge* (1913)). La seconde, élaborée à partir de 1919, est exposée dans l'*Analysis of Mind*.

2. On trouve le même exemple utilisé à l'appui de l'idée d'une forme non-représentationnelle du souvenir chez E. Husserl, *Vorlesungen zur Phänomenologie des Zeitbewusstseins*, trad. fr. *Leçons pour une phénoménologie de la conscience du temps*, Paris, P.U.F., 1964, § 12.

Même si l'analyse russellienne laisse bien des questions en suspens, elle a le mérite de mettre en évidence la possibilité des *démonstratifs mémoriels*, c'est-à-dire de termes dont la signification consiste en l'objet passé qu'ils désignent et non pas en des qualifications descriptives présentes (picturales ou verbales) de celui-ci. Bien entendu, le représentationnaliste peut parer à cet argument en s'employant à montrer que les cas apparents de démonstratifs mémoriels se réduisent en réalité, *pace* Russell, à des cas de référence à des éléments d'une image mentale présente. L'accointance avec le passé se solderait alors par une accointance avec des images mentales présentes. Cette réplique est toutefois résistible.

La défense sémantique : l'argument des liens des conditions de vérité. Le second fait sémantique est celui du lien qui existe entre les conditions de vérité respectives d'un jugement perceptif passé au temps du présent et d'un jugement mémoriel présent au temps du passé[1]. Prenons l'exemple suivant (le second énoncé exprime un souvenir épisodique) :

8) Cet homme (que je suis en train de voir) est trempé. [énoncé lundi]

9) Cet homme (dont je me souviens) était trempé. [énoncé mardi]

Dans l'usage ordinaire que nous faisons des énoncés temporels, il appartient aux conditions de vérité de (9) que (8) soit vrai. Mais le lien des deux énoncés ne se limite pas à cette relation vériconditionnelle. En effet, la compréhension de (9) ne suppose pas seulement que nous sachions qu'un certain énoncé, (8), soit vrai, bien que nous ne soyons plus en mesure

---

1. J. Campbell, *Past, Space, and Self*, Cambridge, Mass., MIT Press, 1994, chap. 7 et *Reference and Consciousness*, *op. cit.*, chap. 9.

de le comprendre parce qu'il appartient à un moment passé désormais révolu. Elle suppose également que nous *comprenions* (8), c'est-à-dire que nous sachions pourquoi il est vrai (s'il l'est) et donc notamment que nous saisissions la signification de son composant démonstratif « cet homme ». A l'appui de cette remarque, J. Campbell [1] souligne qu'en formulant des énoncés mémoriels du type de (9), notre préoccupation n'est pas seulement de déterminer s'il s'agit ou non d'énoncés vrais, mais de disposer avec eux de jugements de connaissance, c'est-à-dire de savoir quelque chose au sujet du passé. Or pour cela, il ne suffit pas d'être capable de déterminer la valeur de vérité de (8) et la façon dont elle détermine celle de (9), mais il faut également comprendre ce que (8) énonce, c'est-à-dire connaître les conditions dont la satisfaction justifie sa valeur de vérité. Ce lien de compréhension entre les deux démonstratifs s'atteste dans le fait que la réussite du démonstratif mémoriel suppose celle du démonstratif perceptif. On ne peut désigner effectivement un individu au moyen de celui-là que si celui-ci a lui-même opéré une désignation réussie, plutôt que (par ex.) la désignation d'un manteau pendu dans un coin. C'est là une condition nécessaire pour que le jugement mémoriel ait une valeur de connaissance. L'usage que nous opérons de tels jugements suppose donc, pour que nous comprenions les expressions démonstratives qui figurent en eux et pour qu'ils accèdent au rang de jugement de connaissance, que la relation démonstrative mémorielle opère de

---

1. Campbell formule ces remarques en s'opposant à l'anti-réalisme sémantique et épistémique. Cf. *infra* pour la présentation critique de cette conception.

façon diachronique une référence similaire à celle de la relation démonstrative perceptive dont elle dérive. Pour cette raison, le cas des démonstratifs mémoriels illustre le cas d'une relation mémorielle directe (au sens sémantique) avec le passé. Notons au passage que s'il n'est évidemment pas soutenable que tout souvenir épisodique contient un élément démonstratif, en revanche tout souvenir épisodique a pour condition nécessaire la possibilité de donner lieu à des jugements contenant des démonstratifs mémoriels. Ce type de souvenir ne peut donc être réduit, comme le voudrait le représentationnaliste naïf, à une relation avec une image mentale ou tout autre substitut présent de l'objet passé. Appelons cette thèse celle de l'*indexicalisme* [1] :

> **Indexicalisme.** *S* se souvient de *p* seulement si son souvenir est susceptible d'être exprimé adéquatement sous la forme de jugements incluant des démonstratifs mémoriels.

Bien entendu, l'argumentation qui vient d'être développée est surtout négative, puisqu'elle cherche à montrer le caractère irréductible de la relation sémantique directe au passé dans le cas du souvenir épisodique. Un problème majeur est de réussir à montrer comment cette relation peut être conçue de façon positive.

Une version viable du réalisme direct ? Les analyses précédentes suggèrent une forme de réalisme direct, que certains philosophes ont tenté d'élaborer dans la perspective

---

1. On trouvera une critique de cette conception dans J. Dokic, « Is Memory Purely Preservative ? », *in* C. Hoerl, Th. McCormack (éd.), *Time and Memory*, *op. cit.*

d'une réhabilitation des conceptions de Reid ou de Russell[1].
M. Martin[2], notamment, tente de répondre au défi auquel fait
face le réalisme direct au moyen d'une analyse comparative
des trois modes de conscience que sont l'imagination, la perception et le souvenir épisodique. Supposons que nous nous
souvenions d'avoir vu une pomme posée sur la table de la
cuisine le matin avant de partir travailler. A la différence de la
perception et comme l'imagination, le souvenir implique que
nous n'ayons pas d'expérience sensorielle visuelle effective
de la pomme en question. De même qu'imaginer avoir des
démangeaisons, se souvenir d'avoir eu des démangeaisons
n'implique pas d'en ressentir. Du souvenir, on ne doit donc
dire ni qu'il consiste en l'occurrence d'une expérience sensorielle effective, qui serait qualitativement identique à l'expérience passée qui l'a causée tout en en étant numériquement
distincte, ni qu'il est la répétition effective de cette même
expérience passée. Il n'y a donc pas de noyau d'expérience
commun au souvenir et à la perception passée[3]. Si le souvenir
partage des propriétés phénoménologiques avec la perception
correspondante, c'est au sens où, tout comme l'imagination, il

---

1. Cette conception est diversement défendue par des auteurs comme
G. Evans, J. Campbell, M. G. Martin, S. Wilcox, S. Katz (« A Direct Realist
Alternative to the Traditional Conception of Memory »), C. Hoerl (« The
Phenomenology of Episodic Recall » – texte commenté dans la seconde partie
de cette étude), et A. Hamilton (« False Memory Syndrome and the Authority of
Memory-Claims : A Philosophical Perspective », *Philosophy, Psychiatry, &
Psychology*, 5, 1998).

2. M. G. Martin, « Out of the Past : Episodic Recall as Retained
Acquaintance », *op. cit.*, p. 270-279.

3. M. Martin distingue pour cette raison le cas de l'accointance prolongée
(*sustained*) avec le passé du cas de l'accointance remémorée ou retenue
(*retained*).

représente des qualités sensorielles, et non pas au sens où il les actualise et les présente – telle est la concession que tout réalisme direct raisonnable doit faire au représentation-nalisme. Une différence phénoménologique inhérente au contenu du souvenir (à l'image mentale qu'il contient très souvent) sépare donc le souvenir de la perception.

Mais comment ménager une place à l'idée de relation directe avec le passé dans ces conditions ? Selon Martin, une autre différence phénoménologique distingue cette fois l'image mémorielle de l'image fictionnelle. J'ai souligné plus haut à propos des démonstratifs mémoriels que leur emploi suppose que l'on comprenne les démonstratifs perceptifs dont ils dérivent. Ce qui est montré ainsi, c'est que le souvenir épisodique, du fait d'être une relation avec un objet qui a été réel, est une relation cognitive avec des individus *particuliers* (événements, choses ou personnes). Autrement dit – en cela consiste le critère qui distingue l'image mentale épisodique de l'image fictionnelle – le contenu du souvenir épisodique se caractérise par une propriété de quantité. Expliquons-la en termes de critères d'identité. Si j'imagine une pomme sur la table de la cuisine avant de penser à autre chose, puis imagine de nouveau la même situation, il n'y aura tout simplement pas de sens à se demander si la pomme que j'imagine la seconde fois, aussi phénoménalement semblable soit-elle à la première, est numériquement distincte de celle-ci. En outre, même lorsqu'une image mentale fictionnelle contient des traits de particularité (par ex. si je distingue dans la scène ima-ginée la pomme qui se trouve sur la table de celle qui se trouve sur le réfrigérateur), elle ne possède cette particularité que pour autant que le sujet imaginant l'introduit en elle. Il ne peut donc y avoir une différence numérique que je ne saisirais pas. En revanche, cette possibilité a toujours du sens dans le cas de la perception; les objets perçus possèdent leur identité numérique indépendamment des intentions du sujet percevant. Ce trait de la particularité de la perception se transmet au souvenir. Alors qu'il n'y a pas de sens à confondre en imagination deux pommes numériquement distinctes et phénoménalement identiques, je peux croire me souvenir d'une unique pomme en me souvenant de celle que j'ai vue mercredi matin puis de celle que j'ai vue jeudi matin alors qu'il s'agissait en réalité de deux pommes distinctes [1].

Le réalisme direct qui se dégage des remarques précédentes se formule donc ainsi :

> **Réalisme direct**. Un souvenir est épisodique seulement s'il est une relation représentationnelle avec des particuliers perçus dans le passé, et en ce sens, une relation d'accointance retenue.

Le constructivisme

J'ai négligé jusqu'ici les multiples cas de distorsion de la mémoire qui produisent des souvenirs erronés ou même complètement illusoires. Ils sont pourtant nombreux et tout à fait courants. En 1986, immédiatement après l'explosion de la navette américaine Challenger, U. Neisser a demandé à des étudiants de rédiger la description des circonstances dans lesquelles ils avaient appris la nouvelle de la catastrophe. Deux ans plus tard, il adressa la même demande à un grand nombre d'entre eux. En comparant les récits, et alors que beaucoup des sujets disaient avoir un souvenir clair de ce qui s'était produit, aucun souvenir ne s'avéra exact et environ un

---

1. M. G. Martin, « Out of the Past : Episodic Recall as Retained Acquaintance », *op. cit.*, p. 275-277.

quart se révéla complètement faux[1]. On peut considérer ce genre de cas comme de simples altérations du processus normal du souvenir – la préservation et la réactivation d'une information encodée dans le passé – qui ne changent rien à la nature de celui-ci. Mais on peut aussi considérer qu'ils appellent la mise en cause de deux présupposés majeurs communs aux deux formes de réalisme. D'une part, celui selon lequel le contenu d'un souvenir consiste en de l'information stockée qui se contente de réapparaître lors des occurrences de souvenir correspondantes et qui demeure la même au fil de ces réapparitions. D'autre part, celui selon lequel la finalité exclusive du souvenir serait d'assurer la connaissance du passé. La thèse *constructiviste* naît du rejet de ces présupposés[2].

---

1. U. Neisser, N. Harsch, « Phantom flashbulbs : False recollections of hearing the news about Challenger » in E. Winograd, U. Neisser (éd.), *Affect and accuracy in recall : Studies of "flashbulb" memories* (vol. 4), New York, Cambridge University Press, 1992. Voir également les travaux d'E. Loftus (en particulier E. Loftus, K. Ketchman, *The myth of repressed memories : False Memories and allegations of sexual abuse* (1994), trad. fr. Paris, Exergue, 1997) sur les « faux souvenirs ». On ne confondra pas les « faux souvenirs » et les « quasi-souvenirs ». Ces derniers interviennent dans l'expérience de pensée qui imagine que les souvenirs épisodiques d'une personne sont implantés dans le cerveau d'une autre. Cette possibilité conduit à élargir la catégorie de souvenir en celle, plus générale, de quasi-souvenirs, qui comprend à la fois les souvenirs épisodiques que le sujet remémorant a lui-même vécus et ceux qu'il n'a pas lui-même vécus. Ces derniers, à la différence des faux souvenirs, ne sont donc pas illusoires ; ils consistent en la reviviscence de l'expérience passée d'un autre.

2. F. C. Bartlett (*Remembering : A Study in Experimental and Social Psychology*, Cambridge, Cambridge University Press, 1932, p. 200 *sq.*) et U. Neisser (*Cognitive Psychology*, New York, Meredith Publishing Company, 1967, chap. 1) s'opposent explicitement au représentationnalisme, dans sa version empiriste notamment.

Cette thèse porte sur la nature du souvenir. Elle est étroitement liée, historiquement et théoriquement, à une conception de l'épistémologie du souvenir. Depuis les travaux de F.C. Bartlett, un courant s'est développé en psychologie qui considère que l'étude du souvenir au moyen d'expérimentations effectuées en laboratoire ne suffit pas et qu'il faut promouvoir une approche écologique, qui considère le phénomène du souvenir dans les circonstances ordinaires de son opération. Grâce à l'adoption de ce point de vue, en effet, l'influence des paramètres contextuels des intérêts, des émotions, et plus largement, de l'expérience présente du sujet remémorant peut reprendre ses droits dans la théorie du souvenir[1].

S'il est lié à l'épistémologie écologique, le constructivisme ne s'y réduit pas cependant – il est possible de maintenir la thèse réaliste dans le cadre de l'approche écologique. Précisons donc la thèse constructiviste. Par-delà ses différentes versions, elle présente les deux idées suivantes[2] :

I) le moment de l'occurrence du souvenir (factuel ou épisodique) n'est pas celui d'une réactivation d'un souvenir qui serait déjà là, sommeillant dans une partie accessible inactive de l'esprit, mais celui d'une véritable *création* (ou « construction ») d'un contenu d'information conscient ;

---

1. On trouve chez Bergson également (*Matière et mémoire*, 1896, chap. 3) l'idée que le souvenir est façonné par les circonstances de son occurrence.

2. On en trouvera une formulation dans les deux textes classiques suivants : F. C. Bartlett, *Remembering*, *op. cit.*, chap. X et U. Neisser, *Cognitive Psychology*, *op. cit.*, chap. 11. Neisser est, avec Bartlett, une figure éminente de la conception écologique et constructiviste du souvenir au sein de la psychologie cognitive du souvenir.

II) chaque occurrence d'un souvenir est nouvelle par rapport à tout autre occurrence de ce que l'on tient pour le même souvenir; l'information qui forme le contenu du souvenir est foncièrement *dynamique*.

De là la formulation suivante :

> **Constructivisme**. Se souvenir que *p* ou de *p* consiste pour *S* en la construction d'une représentation qui est nouvelle en chacune de ses occurrences et qui dépend à la fois de l'information passée retenue et des circonstances présentes.

Deux précisions seront utiles.

Intuitivement, le constructivisme entretient des rapports étroits avec le scepticisme mémoriel. Tel qu'il a été formulé plus haut, le constructivisme est une thèse qui concerne l'objet du souvenir. Il statue sur ce qui forme le contenu conscient d'un souvenir et sur son rapport à la réalité représentée par ce contenu. L'opposition qui le met aux prises avec le réalisme a souvent revêtu la forme, dans le champ de la psychologie, de l'opposition entre l'affirmation que les souvenirs sont fidèles et l'affirmation contraire. Le constructivisme a donc souvent été associé à la défense d'une approche sceptique, qui soutient que le souvenir est essentiellement inexact puisqu'il n'entretient pas avec le passé le rapport de ressemblance affirmé par le réalisme. Néanmoins, il est important de souligner qu'il n'y a pas de lien d'implication entre le constructivisme et le scepticisme mémoriel, comme le montre la distinction des deux versions suivantes.

Le constructivisme radical. Incarné par ce que l'on appelle le « constructionnisme social », il soutient que l'occurrence du souvenir ne vise pas à élaborer une représentation fidèle du passé mais à « construire une version de ce qui s'est réellement passé qui soit acceptable, forme un consensus, ou soit facile à communiquer »[1]. A l'appui de l'idée que le souvenir est une construction pure et simple de la réalité et non pas seulement celle d'une représentation nous informant sur la réalité passée, le constructivisme radical adopte parfois une position anti-réaliste selon laquelle il n'y a pas de réalité passée déterminée qui s'offrirait à un compte rendu objectif. Il libère ainsi le souvenir de toute obligation épistémique.

Le constructivisme modéré. A la différence du précédent, il ne considère pas que le caractère construit du souvenir le condamne à rompre l'amarre qui le relie au passé[2]. Au contraire, il souligne le fait que les processus de construction qui rendent possibles les distorsions mémorielles sont en réalité ceux-là mêmes qui permettent également l'exactitude du souvenir. Par exemple, connaître les règles d'un sport aide à se souvenir d'une phase de jeu (quelqu'un qui les ignore aura beaucoup de mal à se la remémorer). Mais cette connaissance peut également introduire le souvenir apparent d'événements que l'on n'a pas perçus : si vous connaissez les règles du football, vous savez que lors d'un penalty le gardien doit se tenir sur sa ligne ; en raison de cette connaissance, il peut arriver que vous croyiez vous souvenir du gardien se tenant sur sa ligne alors que vous n'avez cessé de regarder le tireur avant que le penalty ne soit tiré[3].

Précisons, en second lieu, que le constructivisme ne nie pas que nos esprits enregistrent et retiennent en permanence de

---

1. D. Edward, J. Potter, « The Chancellor's Memory : Rhetoric and Truth in Discursive Remembering », *Applied Cognitive Psychology*, 6, 1992, p. 204.

2. Des auteurs comme U. Neisser, R. Fivush ou E. Loftus défendent cette version.

3. D. Schacter, *Searching for Memory, op. cit.*, chap. 4, p. 128 ; U. Neisser, *Cognitive Psychology, op. cit.*, p. 289.

l'information. Ce qu'il conteste, c'est la façon dont en général philosophes et psychologues conçoivent le type de cette information et le rôle qu'elle joue dans l'occurrence des souvenirs. Neisser utilise une analogie pour expliquer la réplique constructiviste sur ce point[1]. Selon lui, l'information retenue est similaire aux ossements de dinosaures qu'un paléontologue découvre. Ils transmettent des informations très fragmentaires, et qui plus est, distinctes de l'apparence qu'avait l'animal passé. Autrement dit, le simple fait de trouver les os ne donne pas à voir le dinosaure, pas plus que la récupération d'une trace mnésique ne fournit par elle-même une représentation de tel événement ou de tel individu passé. Les os servent plutôt d'instructions sur la façon dont reconstruire l'apparence du dinosaure. Il en est de même pour les traces mnésiques à l'égard du produit final que constitue le contenu conscient du souvenir. Il faut donc dire qu'elles sont « utilisées (*used*) » à des fins de construction d'une représentation du passé, plutôt que « ranimées (*revived*) »[2]. Bartlett rapporte une expérience au cours de laquelle, quelque temps après avoir lu une histoire à des sujets, il leur demande de la restituer. Selon lui, on constate qu'au sentiment du sujet remémorant de retrouver peu à peu l'histoire en question, comme par un effort de la mémoire qui lui permettrait de retrouver la trace du récit passé, correspond en réalité un travail de construction effectué à partir de quelques éléments retenus et d'une impression générale laissée par l'histoire. L'écart considérable observé entre le récit initial et la restitution ultérieure par le sujet remémorant milite en faveur de cette affirmation. Mais si ce

1. Cf. *ibid.*, p. 94 et 285-6.
2. *Ibid.*, p. 284 *sq.*

n'est pas le récit passé, sous la forme de sa trace, qui fixe le contenu de la remémoration, quels sont les critères opératoires? Selon Bartlett, il s'agit des critères de l'intérêt personnel et de l'exigence de rationalisation[1]. La leçon de cette analyse est donc que la réponse intellectualiste à la question «pourquoi nous souvenons-nous?» est erronée. Reconstruit en chacune de ses occurrences, le souvenir ne remplit pas seulement une fonction de connaissance, loin de là.

LE SOUVENIR ET LE TEMPS

L'un des traits principaux du souvenir épisodique est sa *diachronicité*. En effet, d'une part, à la différence du souvenir factuel, son objet ne peut pas être neutre quant à sa localisation temporelle. D'autre part, il est difficile de soutenir que l'on puisse se souvenir épisodiquement sans le savoir, c'est-à-dire sans avoir conscience de la localisation passée de l'objet du souvenir – aux yeux de nombre de philosophes et de psychologues, que le souvenir consiste en la reviviscence d'une expérience passée comme telle est l'une de ses propriétés essentielles[2]. Pour qu'une information soit celle que délivre

1. Une question est de savoir ce qui préside, dans les cas de souvenirs épisodiques visuels, à l'adoption du point de vue de l'expérience passée (la *field perspective*) plutôt qu'à celle d'un point de vue en 3ᵉ personne, qui fait du sujet percevant passé qu'a été le sujet remémorant un élément de la scène remémorée (l'*observer perspective*). Sur ce point, *cf.* G. Nigro, U. Neisser, «Points of View in Personal Memories», *Cognitive Psychology*, 15, 1983.
2. «Dans les théories de la mémoire épisodique, l'expérience de la remémoration devrait être l'objet d'intérêt principal, l'aspect central du souvenir à expliquer et à comprendre» (E. Tulving, *Elements of Episodic Memory*, Oxford, Clarendon Press, 1983, p. 184). C. B. Martin, M. Deutscher, «Remembering», *op. cit.*, soutiennent le contraire. Cf. *infra*.

un souvenir épisodique, il faut donc qu'elle situe explicitement dans le passé ce sur quoi elle porte.

Cette conscience du passé soulève au moins trois questions, auxquelles sont consacrées les prochaines sections. Tout d'abord, de quel type précisément est la conscience épisodique du passé? Après tout, si je pense à Ramsès II, il appartiendra sans doute à ma pensée qu'il s'agit là de quelqu'un qui a vécu dans le passé. Comment la conscience temporelle épisodique se distingue d'une telle pensée? Ensuite, qu'est-ce qui déclenche et justifie l'attribution de la conscience présente d'un événement à une expérience passée et produit ainsi la phénoménologie temporelle du souvenir épisodique? Enfin, comment peut-on opérer ce renvoi, sinon ce retour, à l'expérience passée? Si la flèche intentionnelle du souvenir épisodique se distingue par son mouvement opposé à celui de la flèche du temps[1], quelle navigation temporelle est mise en œuvre à cette fin?

La conscience épisodique du passé

Dans le but de clarifier la diachronicité du souvenir, essayons d'abord de préciser en quoi consiste le caractère passé de son objet. Comment comprendre le *comme* de l'affirmation selon laquelle l'objet du souvenir nous apparaît « comme quelque chose de passé »? L'examen de quelques exemples nous aidera à répondre. Un soldat guette, à travers

---

1. Voir notamment M. A. Wheeler, D. T. Stuss, E. Tulving, « Toward a Theory of Episodic Memory », *op. cit.*, p. 332 et J. Fernandez, « Memory and Time », *Philosophical Studies*, 141 (3), 2008.

ses jumelles, une scène de combat qui se déroule au loin[1]. Il voit les éclairs des coups de feu, mais il n'entend le bruit des détonations que quelques instants plus tard. Notre guetteur est particulièrement expérimenté et, de ce fait, il n'entend pas les détonations comme des sons présents qu'il jugerait, au terme d'un raisonnement, résulter de coups de feu passés, mais comme des sons passés. La ventriloquie illustre bien ce phéno-mène de l'influence d'une information sensorielle sur une autre. Nous entendons les sons qui sortent de la bouche du ventriloque comme s'ils sortaient de la bouche de la poupée qu'il anime, et cela parce que la vision des mouvements de la bouche de la poupée affecte notre expérience auditive. Il en va de même avec notre guetteur : son expérience visuelle influe sur son expérience auditive de telle sorte que les détonations elles-mêmes lui apparaissent comme ayant retenti simultané-ment aux éclairs des coups de feu, c'est-à-dire qu'elles lui apparaissent *comme passées* au moment où il les entend. La spécificité du cas du guetteur est plus manifeste encore si on le distingue de celui d'un astronome qui regarde à travers un télescope ultra-puissant. Dans ce second cas, ce que l'astro-nome voit dans sa lunette lui apparaît comme des phénomènes naturels présents, mais sur le fondement de ses connaissances en astronomie, il *juge* qu'il s'agit en réalité d'événements qui se sont produits dans un passé reculé. Il sait qu'ils sont situés dans le passé, mais il ne les voit pas comme tels, contrairement à l'audition des détonations dans le cas du guetteur. L'audition de ce dernier est perméable aux informations sensorielles qui

1. D. Owens, « A Lockean Theory of Memory Experience », *Philosophy and Phenomenological Research*, vol. 56, n°2, 1996, p. 322-323.

lui parviennent par la vue, tandis que la vision de l'astronome est imperméable à ses connaissances scientifiques.

Il est donc possible de percevoir un événement comme passé sans pour autant s'en souvenir. Si la propriété d'apparaître comme quelque chose de passé – par distinction avec le fait d'être jugé et connu comme passé – est nécessaire à l'occurrence d'un souvenir, elle ne suffit pas à établir une relation mémorielle épisodique entre l'événement qui apparaît ainsi et un sujet. Le guetteur ne se souvient pas des détonations. Cela reflète la double exigence, intrinsèque au souvenir épisodique et manifeste à la lumière des exemples précédents, 1) que l'on ait *déjà* fait l'expérience de l'événement en question dans le passé, expérience en la récupération et la reviviscence de laquelle consiste le souvenir – on parle à ce sujet du réquisit de la « condition de l'expérience antérieure (*previous access condition*) » [1] – et 2) que cette condition se traduise phénoménologiquement, lors du souvenir, en la conscience que l'on est en train de se rappeler un épisode passé de son expérience tel qu'il a été vécu – le « sentiment de la passéité (*feeling of pastness*) », souvent invoqué par les empiristes [2] à propos du souvenir personnel, relève de ce versant phénoménologique.

Connaissance de la source et intentionnalité diachronique

Une position souvent défendue explique la conscience épisodique du passé en termes de *connaissance de la source de*

---

1. *Cf.* S. Shoemaker, « Persons and their pasts » (1970), in *Identity, Cause and Mind*, Cambridge, Cambridge University Press, 1984, p. 19.

2. *Cf.* James, *The Principles of Psychology*; Russell, *The Analysis of Mind*. Pour une reprise contemporaine de cette notion, *cf.* Fernandez, « Memory and Time ».

l'information mémorielle. On entend par « source de l'information » pour un sujet *S* ce qui rend disponible à *S* une information. La « maîtrise de la source *(source monitoring)* » remplit un rôle important dans nos vies épistémiques, notamment parce qu'elle fournit les raisons de se fier ou pas à une information, et donc le moyen d'évaluer la pertinence d'adopter telle ou telle croyance. Par exemple, si l'on se souvient non seulement de l'information que tel homme politique est impliqué dans une affaire sordide, mais également du fait qu'elle nous a été transmise par un tabloïde, alors nous serons sans doute peu enclins à admettre le fait prétendu. En revanche, si l'on oublie la source de l'information, nous risquons d'admettre le fait en question comme un fait solidement avéré.

Selon la conception *réflexiviste*, la maîtrise de la source occupe une place de choix dans le phénomène du souvenir[1]. S'il est vrai, comme le soutiennent Aristote, Locke et James[2], qu'un état mental ne devient un souvenir qu'à condition que s'ajoute à l'information qu'il transmet la double conscience que l'on a déjà fait l'expérience de ce que présente l'information et que cette expérience passée est à l'origine de

---

1. La distinction de la connaissance de la source du souvenir et du contenu de celui-ci offre une solution à l'énigme du souvenir dit « du futur », illustré par le cas du souvenir d'un rendez-vous à venir. Une proposition est que l'on parle de « souvenir » dans ce genre de cas en raison du renvoi implicite à la source de l'information relative au futur et à son acquisition, qui sont passées.

2. Qui sont les premiers grands défenseurs du réflexivisme. *Cf.* Aristote *(De Memoria et Reminiscentia,* tr. angl. *in* R. Sorabji, *Aristotle on Memory,* Chicago, The University of Chicago Press, 2004), Locke *(Essai sur l'entendement humain,* p. 137 et 244), James *(The Principles of Psychology,* p. 610-601) et Ebbinghaus *(Über das Gedächtnis,* 1885). Le réflexivisme connaît des prolongements contemporains importants chez des auteurs comme J. Searle, J. Perner et J. Fernandez.

notre possession de cette information, alors il faut dire que l'intentionnalité diachronique est conférée au contenu du souvenir par la connaissance de la source de ce contenu informationnel. Grâce à la possession du savoir réflexif de l'origine de l'information mémorielle, celle-ci ne se réduit pas à la simple conscience d'une expérience passée qui ne serait pas reconnue comme telle, mais apparaît à la conscience *comme* renvoyant à cette expérience. Formulons la conception du réflexivisme :

> **Réflexivisme**. *S* se souvient de *p* seulement s'il possède, en plus de l'information que *p*, le savoir réflexif que cette information a pour origine causale exclusive son expérience passée de *p*.

Si l'on adopte ce compte rendu de l'intentionnalité diachronique mnésique, il reste cependant à déterminer plus précisément en quoi consiste le savoir réflexif invoqué. Autrement dit, en quoi consiste, selon le réflexivisme, le *comme* qui modalise l'information mémorielle de façon à la faire référer au passé et à lui donner sa phénoménologie temporelle ? Résulte-t-il d'un savoir que le souvenir inclut dans son contenu et donc d'une représentation enregistrée lors de l'encodage de ce qui est remémoré, bref d'un élément intentionnel du souvenir ? Ou résulte-t-il de l'épreuve de certaines caractéristiques phénoménales de l'information mémorielle et du processus de sa récupération, et donc d'un élément non-intentionnel ? Autrement dit, l'appartenance au passé (la passéité) est-elle représentée dans le souvenir ou attribuée après-coup à son contenu ?

Le méta-représentationnalisme. L'intuition centrale de la version méta-représentationnaliste du réflexivisme est que la localisation de l'événement représenté dans le passé est un élément du contenu requis pour que celui-ci soit le contenu d'un souvenir épisodique. Par exemple, pour que l'occurrence de l'image mentale d'une façade soit vécue comme le souvenir épisodique de ma première arrivée à la maison de campagne de *N*, il ne suffit pas que l'image présente résulte effectivement de l'une de mes expériences passées, il faut en outre qu'à cette image soit associée, à la façon d'un commentaire réflexif (une « méta-représentation »), l'information qu'elle a pour origine causale l'une de mes expériences perceptives passées. Sans cette conversion représentationnelle de la relation causale, l'objet du souvenir (en l'occurrence, la façade de la maison) ne peut être situé dans le passé, et l'expérience spécifique que constitue le souvenir épisodique est impossible. Selon J. Perner[1], la conscience auto-noétique par laquelle Tulving distingue le souvenir épisodique consisterait ainsi en la représentation d'une partie passée de l'expérience du sujet remémorant et de la relation causale qui l'unit au souvenir présent. Cela requerrait la maîtrise d'une théorie de l'esprit formée des concepts correspondants – ceux de perception, de relation causale et de souvenir, notamment – et de leur articulation[2].

1. *Cf.* J. Perner, « Memory and the theory of mind », *in* F. Craik, E. Tulving (éd.), *The Oxford Handbook of Memory*, Oxford, Oxford University Press, 2000, et « Episodic Memory : Essential Distinctions and Developmental Implications », *in* K. Lemmon, C. Moore (éd.), *The Self in Time – Developmental Perspectives*, London, Lawrence Erlbaum, 2001. On trouve des défenses du réflexivisme de type méta-représentationnaliste chez Owens, « A Lockean Theory of Memory Experience », *op. cit.* et J. Fernandez, « The intentionality of memory », *Australian Journal of Philosophy*, vol. 84, n°1, 2006.

2. La thèse de la nécessité de la maîtrise d'une théorie de l'esprit pour le souvenir épisodique trouve un argument empirique important dans le phénomène de l'amnésie infantile, dont elle fournit une explication. On désigne par « amnésie infantile » le phénomène, chez les sujets humains, de la quasi-absence de souvenir épisodique relatif à la période qui va de leur naissance à environ 4 ans – Freud fut le premier à remarquer ce phénomène. On ne peut

Les traits phénoménologiques de la passéité et de la subjectivité du souvenir épisodique devraient être élucidés en ces termes.

Une information dérivant directement (*sc.* sans inférence ni témoignage) d'une expérience passée peut cependant être accompagnée de la connaissance de sa propre source *sans* constituer un souvenir épisodique. Imaginons que je connaisse un événement passé *p* d'abord sans savoir l'origine de cette connaissance, parce que j'ignore si on me l'a raconté ou si j'en ai été moi-même témoin. Après avoir interrogé un ami, je me convaincs que ma connaissance que *p* a pour unique source ma perception passée de cet événement. Je possède dès lors à la fois une information mémorielle directe de *p* et une méta-information relative à l'histoire causale de ma connaissance de *p* qui situe l'origine de celle-ci dans ma seule expérience passée[1]. Mais alors qu'est-ce qu'il manque à mon souvenir que *p* pour être épisodique ? Un élément de témoignage s'est introduit, et en conséquence, la connaissance mémorielle ne m'informe pas par elle-même de sa propre origine causale. Or le caractère *direct* du souvenir épisodique exige que la

---

expliquer ce phénomène par la distance temporelle et la dégradation corrélative des souvenirs puisqu'un sujet, disons, de 15 ans n'a pas ou presque pas de souvenir épisodique de la période indiquée, alors qu'un sujet, disons, de 50 ans en possède en général un grand nombre de son adolescence. Le phénomène trouve donc sans doute son origine dans la structure cognitive de l'enfant avant 4 ans. S'appuyant sur des expérimentations qui établissent que l'acquisition de la théorie de l'esprit requise par le souvenir épisodique n'intervient pas avant l'âge indiqué, Perner propose d'expliquer ce phénomène en termes méta-représentationnalistes.

1. Pour cet exemple et la re-formulation qu'il sollicite du méta-représentationnalisme, *cf.* J. Dokic, « Une théorie réflexive du souvenir épisodique », *Dialogue*, 36, 1997.

connaissance de sa source provienne elle-même de l'expérience passée [1].

Le versant épistémique du souvenir épisodique justifie cette exigence. L'autorité du souvenir épisodique, par différence avec le cas du souvenir sémantique, tient au fait qu'il ne se contente pas de fournir une information sur le passé mais présente en même temps le fondement de cette information, c'est-à-dire l'expérience passée qui en est à la fois l'origine et la justification. Par exemple, le souvenir de la maison de vacances de *N* n'est pas seulement la connaissance de ce à quoi ressemblait ce bâtiment mais également la représentation de sa perception passée, qui constitue la source de la connaissance de sa physionomie. Mon souvenir justifie ici ma connaissance du passé. Par conséquent, si je suis contraint de m'en remettre au témoignage d'autrui afin de savoir que mon souvenir a pour source mon expérience passée, le souvenir perd une part de son indépendance et donc de son autorité épistémiques. Le simple caractère réflexif ne suffit pas. Le critère plus fort de la *sui-référentialité causale* est requis, que l'on peut exprimer ainsi [2] :

> **Méta-représentationnalisme.** *S* se souvient de *p* seulement si *S* sait empiriquement {que *p* [REPRÉSENTATION] et qu'il a ce savoir en raison de l'expérience qu'il a faite de *p* [COMMENTAIRE MÉTA-REPRÉSENTATIONNEL]}.

---

1. En termes psychologiques : l'événement doit être encodé comme ayant fait l'objet d'une expérience. Voir également J. Searle, *Intentionality* (1983), trad. fr., Paris, Minuit, 1985, p. 68.

2. J. Perner, « Memory and the theory of mind », *op. cit.*, p. 300 et 2001, p. 186. J'utilise les accolades afin de délimiter clairement le contenu informationnel du souvenir, et par voie de conséquence, ce à quoi réfère l'expression « ce savoir ».

En se souvenant épisodiquement, *S* a non seulement la connaissance d'un événement passé *p*, mais également, d'une part, le savoir que cette connaissance a pour origine causale directe l'une de ses expériences passées, et d'autre part, le savoir que la connaissance de cette relation causale provient elle aussi de son expérience passée de *p* : le souvenir informe lui-même sur la source du savoir réflexif de son origine causale et la place dans l'expérience passée de l'événement remémoré.

En décrivant l'architecture cognitive du souvenir épisodique sous la forme sui-référentielle, le méta-représentationnalisme avance un compte rendu fort des spécificités phénoménologique et épistémique du souvenir épisodique, et en particulier, de la conscience de la passéité qui le caractérise. Il est cependant exposé à certaines objections, en particulier les deux suivantes.

1) *Objection du niveau de conscience.* Une première difficulté est de savoir si le processus cognitif invoqué par le méta-représentationnalisme pour rendre compte de l'épisodicité est conscient ou pas. Il est difficile de soutenir que chaque souvenir épisodique suppose, au moment de l'encodage d'un événement, qu'un commentaire réflexif soit déposé dans son contenu. D'abord parce que tout souvenir épisodique ne repose pas sur une acquisition passée consciente. Si l'événement ou l'individu remémoré n'est pas lui-même objet de l'attention, on voit mal comment sa perception pourrait être l'objet d'une conscience réflexive[1]. En outre, si on se limite aux cas où l'objet du souvenir est conscient au moment de

---

1. Cf. *infra* l'exemple d'Archie donné par M. G. F. Martin (« Perceptions, Concepts and Memory », *The Philosophical Review*, vol. 101, n°4, 1992).

l'acquisition du souvenir, on constate que, le plus souvent, aucun commentaire réflexif ne figure dans la conscience qu'on a alors de l'objet. Bien entendu, une solution de repli consiste à affirmer que le dépôt du commentaire réflexif est infra-conscient. Mais cette réplique soulève une difficulté. On a souligné la nature sui-référentielle du commentaire réflexif qui informe sur sa propre origine causale. Si tel est le cas, ce commentaire doit être lui-même conscient au moment où le souvenir est encodé, puisqu'il est objet de la conscience réflexive en laquelle il consiste. Dès lors, on voit mal comment il pourrait être acquis de façon non consciente [1]. Qu'on lui attribue ou non la propriété d'être conscient, le commentaire réflexif pose donc problème.

2) *Objection phénoménologique.* Admettons que le commentaire réflexif du méta-représentationnaliste ne peut être qu'un élément intentionnel. Une deuxième objection invoque le trait phénoménologique du contenu du souvenir épisodique de ne pas porter la trace, dans la plupart des cas, d'une représentation de l'expérience passée et d'avoir pour seul objet la chose qu'a présentée cette expérience. Par exemple, si je me souviens de la façade de la maison de *N*, la description de ce qui est représenté pourra très bien ne contenir que des propriétés de cette façade. Il y a une différence intuitive entre le cas où je me souviens de cette façade et celui où je me souviens de ce que j'ai ressenti en la voyant, et c'est seulement dans ce second cas que je serai prêt à parler du « souvenir d'une expérience ». Le regard du souvenir

---

1. Voir J. Dokic, « Is Memory Purely Preservative ? », *op. cit.*, p. 221 *sq.* pour ces objections. Perner (« Episodic Memory : Essential Distinctions and Developmental Implications », *op. cit.*, p. 187) propose une réponse.

épisodique est tourné, dans bien des cas, vers l'objet de l'expérience passée, et non pas vers cette expérience elle-même. Il semble donc judicieux de chercher dans la façon dont cet objet apparaît à la conscience mémorielle ce qui confère à celle-ci son épisodicité, plutôt que dans un commentaire réflexif qui, en réalité, pourrait bien ne venir qu'après-coup, précisément en raison du trait phénoménologique en question[1].

L'attributionnalisme. S'il est problématique de soutenir que la connaissance de la source a la forme d'une représentation portant sur l'information mémorielle, le réflexiviste peut essayer d'adopter une conception *procédurale* de cette connaissance. Plutôt qu'en une représentation incluse dans le contenu du souvenir au moment (passé) de sa formation, qui attendrait toute prête d'être récupérée, la conscience que l'information mémorielle est relative à l'objet d'une expérience passée résulterait d'une procédure reposant sur l'évaluation de cette information et de la façon dont on accède à elle. Tel est le point de départ de l'attributionnalisme, qui, s'il soutient à son tour que c'est la connaissance de la source de l'information mémorielle qui confère son intention-nalité diachronique au souvenir, en propose une élucidation différente du méta-représentationnalisme[2]. L'attributionna-

---

1. Pour cette objection, G. Evans, *The Varieties of Reference, op. cit.,* p. 239-240 et C. Hoerl, Th. McCormack, « The Child in Time : Temporal Concepts and Self-Consciousness in the Development of Episodic Memory », *op. cit.,* p. 208-209.

2. Comme le méta-représentationnalisme, l'attributionnalisme entend élucider la « recollective experience » de Tulving, *i.e.* l'expérience subjective propre au souvenir épisodique, mais il le fait en termes non représentationnels (L. L. Jacoby *et al.,* « Memory Attributions », *in* H. L. Roediger, F. I. M. Craik

lisme est en effet une position *inférentialiste*. Il conçoit la maîtrise de la source sous la forme d'un raisonnement inductif dont l'expérience subjective mémorielle est le terme final. Cette procédure comprend les trois moments suivants.

La détection des effets de transfert. En accédant à l'information mémorielle, le sujet accède à une information dépourvue d'intentionnalité temporelle, mais qui se distingue par certaines propriétés phénoménales. Une précision sera utile ici. On parle d'« effet de transfert (*transfer effects*) » pour désigner les effets de l'expérience passée sur l'expérience présente. Par exemple, l'amélioration de la performance dans l'apprentissage d'une liste de mots peut être due aux réalisations antérieures de la tâche à exécuter. Un amnésique peut ainsi ne garder aucun souvenir des séances passées d'apprentissage et de rétention d'une liste de mots et manifester pourtant, dans ses performances, l'effet de l'exercice antérieur sur son comportement. Sa mémoire implicite est marquée dans ce cas par un effet de transfert. Selon l'attributionnalisme, le souvenir suppose que l'on sache détecter ces effets de transfert, qu'ils consistent en la facilité et la fluidité qui caractérisent l'accès à une information issue d'une perception antérieure ou en la richesse des détails sensoriels et contextuels d'une telle information.

L'attribution au passé. Ces propriétés sont des critères d'évaluation qui motivent l'interprétation du contenu informationnel comme causé par des expériences passées, *i.e.* son « attribution » à une expérience passée. Une telle référence au passé donne son intentionnalité diachronique à l'information

(éd.), *Varieties of Memory and Consciousness*, Hillsdale, NJ, Erlbaum, 1989, p. 391).

mémorielle et forme le terme conclusif de la procédure inférentielle.

La conscience du passé. Les sentiments de familiarité et de passéité résultent des opérations précédentes. Selon l'attributionnalisme, on éprouve un contenu comme ayant fait l'objet d'une expérience antérieure parce qu'on en a attribué la cause à certaines de nos expériences passées. De cela découlent au moins deux conséquences relatives à la nature de la conscience mémorielle épisodique. D'une part, le fondement des sentiments de familiarité et de passéité est procédural, et non pas représentationnel. D'autre part, le souvenir ne représente pas sa source elle-même grâce à un encodage passé, mais ne fait que former un jugement conjectural présent à son sujet : « On ne trouvera pas le sentiment de familiarité dans une représentation mémorielle. (…) il est nécessaire de le considérer comme résultant d'une inférence ou d'une attribution. (…) La passéité ne peut être trouvée dans une trace mémorielle »[1].

Résumons :

> **Attributionnalisme.** *S* se souvient de *p* seulement si son information relative à *p* possède les caractéristiques phénoménales [EFFETS DE TRANSFERT] justifiant que *S* l'attribue à certaines de ses expériences passées consistant à percevoir *p* [ATTRIBUTION].

Selon les attributionnalistes, le processus inférentiel n'est le plus souvent pas conscient. De nombreuses décisions quant à la source de l'information à laquelle on accède sont prises de façon non délibérée et automatique. Ce n'est que dans des cas

---

1. L. L. Jacoby *et al.*, « Memory Attributions », *op. cit.*, respectivement p. 394 et 400.

particuliers que l'on procède de façon analytique en adoptant une stratégie consciente. Par exemple, on peut se résoudre à attribuer à l'imagination la représentation d'une conversation avec N qui semble résulter d'une expérience passée, au motif que l'on ne peut pas avoir rencontré N avec qui l'on se revoit pourtant converser. Au total, l'expérience du rapport direct avec l'événement ou la chose remémoré(e) dans le souvenir épisodique est donc proprement une impression qui dissimule le processus d'interprétation qui l'a construite.

Une alternative au réflexivisme. Les deux versions du réflexivisme présentées partagent le présupposé que la connaissance de la source serait extérieure à l'information mémorielle qu'elle modalise. Dans le cas du méta-représenta-tionnalisme, cette connaissance prend la forme d'un commen-taire réflexif, distinct du contenu d'information relatif à l'événement passé; dans le cas de l'attributionnalisme, elle prend la forme de la conclusion d'une inférence fondée sur la détection de propriétés du contenu d'information. Ce présup-posé est toutefois discutable. On peut soutenir, en effet, que l'épisodicité est une propriété inhérente au contenu d'information lui-même.

Une première façon d'avancer dans cette voie est élaborée par l'indexicalisme exposé précédemment. L'épisodicité consisterait en la possibilité d'un rapport démonstratif au passé semblable à celui de la perception. Une seconde façon consiste à affirmer que le souvenir épisodique a pour trait distinctif de présenter *du même geste* sa source et son objet, ou encore, de présenter sa source en présentant son objet. Selon cette approche, la connaissance de la source ne doit pas être conçue comme s'ajoutant à l'information relative à p, mais comme ce en quoi consiste cette information[1]. En outre, puisque le souvenir épisodique de *p* fournit par lui-même la connaissance directe de sa propre source, il fournit également celle de la source de l'information sémantique que *p*, plutôt que – comme le soutient le méta-représentationnalisme – la connaissance sémantique de la source de l'information que *p* fait que celle-ci prend la forme d'un souvenir épisodique[2].

Topologie et navigation temporelles

Les sections précédentes ont laissé en suspens la question de savoir ce qu'est le passé auquel la conscience mémorielle impute l'information qui forme son contenu. Imaginons un individu dont chaque souvenir épisodique est relié au présent de remémoration comme le sont les nôtres (en particulier, par une relation épistémique directe avec l'expérience passée et par une relation d'identité du sujet remémorant et du sujet de l'expérience passée), à cette différence près que les contenus respectifs de ses différents souvenirs épisodiques ne sont pas ordonnés chronologiquement entre eux : son passé serait formé d'une juxtaposition de ramifications distinctes aboutissant toutes au point du présent. Il pourrait décrire ses souvenirs et leur accorder une autorité épistémique similaire à celle que nous accordons aux nôtres, mais il n'y aurait pour lui aucun sens à se demander, à propos de tel événement dont il est en train de se souvenir, s'il s'est produit avant ou après tel autre

---

1. On trouve cette idée chez J. Dokic, « Is Memory Purely Preservative ? », *op. cit.*, p. 214-215, ainsi que Hoerl, 2001, p. 332.

2. C. Hoerl, Th. McCormack, « The Child in Time : Temporal Concepts and Self-Consciousness in the Development of Episodic Memory », *op. cit.*, p. 208. Voir *infra* le commentaire du texte de Hoerl pour une présentation plus développée de cette conception.

qu'il a récemment évoqué. L'étrangeté d'un tel cas permet de souligner que le passé auquel réfèrent nos souvenirs n'est pas un essaim d'événements, d'individus et de choses qui flotteraient librement sans relation temporelle les uns avec les autres. Lorsque je me souviens du jour où je suis allé à Paris pour la première fois, j'ai conscience que ce dont je me souviens occupe une place particulière dans le temps aussi bien de mon existence propre (c'était bien avant la naissance de mon premier enfant) que du cours objectif des événements (F. Mitterrand n'avait pas encore accédé à la présidence de la République). Le passé dont nous avons conscience dans le souvenir n'est donc pas dépourvu de structures. Et une première question est de savoir précisément quelle *représentation du temps* sous-tend notre vie mémorielle. S'il est évident que le temps ramifié en direction du passé n'est pas celui de nos souvenirs, quelle(s) topologie(s) possède notre passé?

Le problème abordé comporte un second versant. On l'a souligné, l'une des propriétés distinctives du souvenir épisodique à l'égard du souvenir sémantique est qu'il implique un déplacement à travers le temps. Ce déplacement est fondamental non seulement pour la connaissance de son propre passé par le sujet remémorant, mais également pour celle de son présent. Bien qu'ils conservent un certain nombre de souvenirs sémantiques de leur existence passée (leur lieu de naissance et les lieux où ils ont habité, par exemple) et une bonne connaissance des structures temporelles objectives (celles de la journée, de la semaine et des mois), les amnésiques épisodiques sont incapables de dire ce qu'ils ont fait et où ils étaient quelques instants avant qu'on les questionne à ce sujet, ni quels épisodes, proches ou éloignés, ont précédé l'instant présent. Ils ne savent donc pas où ils se trouvent temporellement dans le cours de leur expérience[1]. Ils ne parviennent pas à « suivre le temps à la trace (*keep track of time*) »[2] et donc à s'y déplacer. Il n'est pas absurde de parler à cet égard d'une *navigation temporelle* comme on parle de navigation spatiale[3], tant les points communs sont nombreux entre le rapport de l'espace et de la perception, d'une part, et celui du temps et du souvenir épisodique, d'autre part. Nous avons, dans le souvenir épisodique, la capacité de parcourir des distances temporelles (je peux faire défiler devant mon esprit l'ensemble de mes activités de la journée et remonter jusqu'à mon réveil); celle de nous décentrer d'un point du temps vers un autre (si je me replace quelques mois en arrière et me souviens de l'excitation que j'ai ressentie à la veille d'un départ en voyage, celui-ci m'apparaîtra alors comme à venir bien qu'il appartienne aujourd'hui à mon passé); celle d'adopter alternativement un point de vue égocentrique (exprimé par les expressions « maintenant », « hier », « demain ») et un point de vue allocentrique (en procédant à une localisation par dates); celle de continuer à penser à une chose tout en ayant conscience de son éloignement progressif (si je garde mon attention fixée sur une note qui a cessé de retentir et se trouve remplacée par d'autres d'une même mélodie); celle enfin de composer des cartes cognitives temporelles à partir de nos différents souvenirs.

---

1. *Cf.* Schacter, *A la recherche de la mémoire*, *op. cit.*, chap. 5 et Tulving, « Memory and Consciousness », *op. cit.*, sur l'amnésie épisodique.

2. C.R. Gallistel, *The Organization of Learning*, London, MIT Press, 1990, p. 237 et J. Campbell, *Past, Space, and Self*, *op. cit.*, p. 227.

3. Pour la notion de navigation, voir C. R. Gallistel, *The Organization of Learning*, *op. cit.*, chap. 3.

Définissons un « cadre de référence temporel » comme une représentation du temps (passé, en l'occurrence) qui fixe les jalons d'après lesquels nous nous orientons et situons de l'information en lui[1], et la « navigation temporelle » comme l'ensemble des processus qui permettent de déterminer une localisation et une trajectoire temporelles. Le problème esquissé plus haut est alors celui de savoir en quelle navigation temporelle, effectuée selon quel cadre de référence temporel, consiste le souvenir épisodique ?

La navigation temporelle

La distinction lieu/distance. Afin d'ordonner des événements dans le passé, nous nous appuyons parfois sur le sentiment de récence attaché à leur souvenir. Certains résultats expérimentaux permettent de soutenir que les enfants de 4 ans, qui ne maîtrisent pas encore les échelles de temps objectives (comme la semaine, le mois ou l'année), disposent cependant déjà d'une très bonne capacité de localisation et d'ordonnancement chronologiques des événements qu'ils ont vécus par le sentiment de leur récence relative[2]. La localisation par le sentiment de récence consiste à estimer la distance à l'égard du moment de remémoration, grâce à la richesse et à la force du souvenir notamment[3]. Il s'agit donc d'une localisation égo-

---

1. *Cf.* C. Hoerl, Th. McCormack, « Memory and Temporal Perspective : The Role of Temporal Frameworks in Memory Development », *Developmental Review*, 19, 1999, p. 159 et J. Campbell (« The Structure of Time in Autobiographical Memory », *European Journal of Philosophy*, 5 : 2, 1997, p. 106).

2. W. Friedman, « The Development of Children's Memory for the Time of Past Events », *Child Development*, 62, 1991.

3. Les théories dites « de la force du souvenir » (*Memory strength theories*) donnent une place centrale à ce procédé.

centrique. Mais on procède également selon une tout autre méthode, qui consiste à recourir à des indices contextuels. Je peux situer temporellement un événement dont je me souviens en me rappelant qu'eut lieu la même année la naissance de mon second enfant, qui compte au nombre des événements saillants de mon existence et se trouve précisément datée dans ma mémoire. Je peux même affiner la localisation en me souvenant que les arbres étaient en fleurs lorsque l'événement en question s'est produit. L'association de tels indices contextuels permet de reconstruire par inférence le lieu temporel de ce dont on se souvient au sein d'une échelle temporelle objective. Plus précisément, nous recourons à différentes échelles. Je peux, par exemple, me souvenir de ma première visite du Louvre en me souvenant de l'heure précise où elle débuta, mais sans être capable d'indiquer le mois ni même l'année où elle eut lieu. Autrement dit, je n'accède pas à l'heure où la visite a commencé en déterminant d'abord l'année, le mois et le jour où se situe l'heure en question ; je procède selon des échelles temporelles distinctes et l'acuité de ma localisation sur une échelle relativement plus fine ne dépend pas de celle sur une échelle relativement plus large. Ce même fait montre en outre que la localisation dans le temps au moyen d'échelles objectives est indépendante de la localisation par estimation de la distance, puisque dans le cas contraire, de même que l'accroissement de l'éloignement dans l'espace s'accompagne d'une diminution de la finesse de la localisation, l'incapacité de situer précisément ma première visite au Louvre dans les années passées entraînerait *a fortiori* celle de la situer au sein de l'année et du jour où je l'ai accomplie.

W. Friedman propose de distinguer ces deux modes majeurs de mise en ordre et de localisation chronologiques des événements dont nous nous souvenons en disant qu'ils sont fondés (respectivement) sur la «*distance* par rapport au présent» et le «*lieu* au sein d'échelles temporelles». Toutefois, aussi éclairante soit-elle, cette analyse rencontre au moins deux limites. La première est qu'elle ne suffit pas à caractériser la navigation temporelle épisodique. La seconde est qu'elle serait tout aussi valable pour des représentations du temps très différentes de celle qui est incluse dans nos souvenirs.

La thèse du décentrement temporel. Le sentiment de récence ne rend pas compte d'un aspect souvent remarqué de l'expérience du souvenir épisodique : le fait que tout se passe comme si l'on revivait l'expérience passée dont résulte le souvenir. Lorsque l'on se souvient de la position chronologique d'un événement en recourant au sentiment de récence, l'événement en question apparaît plus ou moins éloigné dans le temps. Or certains soutiennent, en prenant au sérieux l'idée de reviviscence, que l'on se reporte vers l'expérience de l'événement en question plutôt qu'on ne la contemple à distance, et leur affirmation s'étaie du fait que la phénoménologie et l'autorité épistémique du souvenir épisodique semblent dépendre de cette propriété. Une proposition alternative est ainsi de penser la navigation temporelle du souvenir épisodique au moyen de la notion de décentrement temporel [1].

Nous disposons de la capacité de nous décentrer spatialement. Alors que j'assiste à un spectacle de cirque, je

---

[1]. La notion de décentrement temporel a son origine dans les travaux de J. Piaget et dans R. F. Cromer, «The development of the ability to decenter in time», *British Journal of Psychology*, 62, 1971. J. Campbell (*Reference and Consciousness*) et Hoerl, McCormack, («Memory and Temporal Perspective … ») sont des textes importants pour la défense actuelle de cette notion.

peux me représenter comment tel spectateur situé en face de moi, de l'autre côté de la piste, voit le numéro d'acrobatie en cours. Une capacité similaire existe dans le cas du temps, comme le montre notre usage des temps grammaticaux. Soit la phrase : « Pierre était déjà parti lorsque Paul arriva ». Selon une analyse célèbre due à H. Reichenbach[1], l'instant d'énonciation (*speech time*) d'une telle phrase diffère de l'instant de référence (*reference time*) qu'elle exprime. La compréhension du plus-que-parfait suppose en effet que l'on soit capable d'adopter la perspective temporelle propre au moment passé de l'arrivée de Paul, puisque ce temps grammatical exprime le caractère passé d'un événement par rapport à un autre événement lui-même passé. Or le souvenir épisodique met en œuvre une capacité similaire dans la mesure où il suppose non pas une connaissance descriptive et à distance de ce qui est remémoré, mais le rappel de l'expérience que l'on en a faite. Plus encore, il n'est pas nécessaire que la référence à l'instant présent du souvenir fasse partie du contenu de celui-ci. On peut adopter par l'imagination une perspective spatiale différente de celle que l'on occupe actuellement *sans* que le point de vue d'origine fictif appartienne au contenu de la représentation ainsi formée et donc sans que la représentation inclue en elle le fait que l'on a opéré un décentrement[2]. C'est ainsi que l'on procède lorsqu'on décrit ce que l'on verrait du point de vue en question en utilisant des termes comme « à droite/à gauche ». Si l'on peut pousser le parallèle jusqu'à ce point, le souvenir épisodique comporterait un authentique moment de simulation, dont la mise en évidence permet de comprendre

1. *Elements of Symbolic Logic*, New York, Macmillan, 1947.
2. *Cf.* J. Campbell, *Reference and Consciousness*, *op. cit.*, chap. 9.

et de justifier certaines de ses propriétés principales, comme celles d'établir un rapport direct avec le passé et de s'apparenter à un voyage mental à travers le temps.

> **Simulationnisme.** *S* se souvient épisodiquement de *p* seulement s'il se décentre temporellement vers la perspective temporelle passée de l'expérience de *p* et simule cette expérience.

La topologie du temps du souvenir

L'analyse de Friedman s'accommode de topologies du temps étrangères à celle manifestement inhérente au souvenir épisodique. L'individu dont la représentation du passé se compose de différentes branches pourrait très bien ordonner deux événements situés sur une même branche grâce à son sentiment de récence, tout autant que localiser ces événements au moyen d'une échelle objective appliquée à la branche en question. Mais le souvenir épisodique serait-il possible dans le cadre d'une telle topologie ? Quelle façon de se représenter le temps suppose-t-il ?

Dans le prolongement des travaux de C. R. Gallistel et K. Nelson[1], Campbell distingue deux types de cadres de référence possibles pour l'orientation temporelle[2]. Celle-ci admet d'abord un repérage par phases au sein de cycles temporels. La psychologie animale décrit des espèces qui se rendent chaque jour à un endroit déterminé au moment précis et relativement bref où de la nourriture y devient disponible. Ces animaux ont la capacité d'enregistrer le moment où, au sein du cycle circadien (*i.e.* celui dont la période est formée d'une journée),

---

1. *Cf.* respectivement 1990, chap. 7 et *Event Knowledge : Structure and function in development*, Hillsdale, NJ : Erlbaum, 1986.
2. Campbell, *Past, Space, and Self, op. cit.*, p. 37-38, 53-58.

de la nourriture est disponible en un endroit donné[1]. Une forme élaborée d'orientation par cycles compte au nombre de nos modes d'orientation temporelle. Il s'agit de l'utilisation de « scripts », qui consistent en la connaissance de séquences d'événements habituels, comme (par ex.) lorsque nous allons au bureau de vote et que nous nous souvenons qu'il faut se rendre dans l'isoloir avant d'insérer son bulletin dans l'urne et de signer le registre. Selon des résultats convergents de la psychologie du développement, l'orientation temporelle des enfants jusqu'à l'âge de 4 ans environ consiste largement en de tels scripts.

Ce premier mode d'orientation est cependant marqué par certaines limites. D'abord, il ne permet pas de distinguer entre différentes occurrences d'une même phase au sein d'un cycle, par exemple entre l'opération de voter lors des élections présidentielles de telle année et toute autre occurrence du même type d'opération. Il ne ménage aucune place à la notion spécifique d'événement passé mais seulement à celle, générique, de phase. Or puisqu'une phase est toujours susceptible de se produire de nouveau dans une occurrence ultérieure du même cycle, la notion de passé n'a ici aucun sens. Au cours de l'exécution du script, une phase donnée est représentée en termes aspectuels comme achevée ou encore à accomplir, mais pas comme passée, présente ou future. En outre, rien n'implique que les différents cycles en lesquels consistent les scripts soient reliés les uns aux autres temporellement, ni *a fortiori* réunis dans un unique cadre temporel général. Un cycle est la

---

1. L'enregistrement par l'animal du moment en question suppose une synchronisation préalable de son horloge biologique interne (*i.e.* son cycle interne) avec le cycle circadien de son environnement. *Cf.* C. R. Gallistel, *The Organization of Learning*, *op. cit.*, chap. 7.

représentation d'un fragment temporel « local ». Enfin, et en conséquence, la possibilité de décentrement temporel y est extrêmement réduite.

Selon Campbell, le cadre de référence temporel requis par le souvenir épisodique est bien différent, en ce qu'il suppose la maîtrise de la notion d'instant passé. Cela signifie d'abord que l'on doit être capable de distinguer la diversité des événements passés particuliers – les épisodes – en lesquels consistent les différentes occurrences d'un même script. En conséquence, à la notion aspectuelle d'achèvement se substitue la notion de passé, au sens d'un instant singulier non itérable. Cela signifie ensuite que l'instant et l'événement situé en lui possèdent leur identité temporelle indépendamment de tout script et s'inscrivent dans le cadre unitaire d'un temps linéaire. Cela signifie enfin que chaque instant offre une perspective temporelle sur l'ensemble des événements qui forment l'existence continue du sujet remémorant, perspective vers laquelle celui-ci peut se décentrer; le caractère perspectif du temps n'est plus limité à l'aspectualité inhérente à l'orientation par phases. En ce décentrement consisterait précisément la navigation temporelle propre au souvenir épisodique.

Si elles apportent assurément des éléments d'élucidation importants, ces analyses offrent-elles cependant un critère suffisant de l'épisodicité du souvenir? Je me contenterai d'esquisser une critique relative à l'effectivité de l'occupation de la perspective temporelle vers laquelle le souvenir épisodique est censé nous reporter. Quelqu'un me fait le récit d'un événement auquel j'ai pris part mais dont je ne garde aucun souvenir. Afin de savoir à quoi cela a bien pu ressembler que d'assister à l'événement en question, je construis par l'imagination l'expérience décrite, et pour cela, je me replace par simulation au moment passé imaginé, comme je peux le faire en lisant un récit de fiction. Je peux donc opérer un décentrement temporel *sans* me souvenir épisodiquement de l'événement. La conception simulationniste nous est donc redevable d'un critère plus contraignant.

LA GNOSÉOLOGIE DU SOUVENIR

La connaissance mémorielle explicite est-elle fondée ?

Nos souvenirs forment une part essentielle de notre savoir, qu'il soit autobiographique ou non, et nous les soumettons à des évaluations épistémiques, en les qualifiant de corrects, d'erronés, de fiables ou d'illusoires. Une normativité épistémique leur est inhérente, qui fixe les conditions auxquelles ils peuvent prétendre au rang de connaissance. « Se souvenir » est d'ailleurs souvent employé comme synonyme de « savoir ». Il partage alors avec ce dernier la propriété de la factivité, qui exige qu'un souvenir soit correct pour pouvoir être un souvenir [1]. Si je me souviens que C. Colomb est un physicien célèbre ou si je me souviens d'avoir dansé avec M. Monroe, alors aussi convaincantes que puissent être les apparences sous lesquelles ces informations se présentent à moi, je ne suis pas en train de me souvenir.

Pourtant, la distance temporelle qui les sépare de leur objet passé rend très difficile de s'assurer que nos souvenirs nous offrent bien le savoir qu'ils paraissent constituer. On répliquera que ce problème ne se pose que pour les souvenirs épisodiques, tandis que les souvenirs factuels lui échappent,

---

1. Il faut bien sûr nuancer cette affirmation, car un souvenir qui comporte des erreurs sans être entièrement faux peut rester un souvenir. Mais alors, précisément, il n'est un souvenir que pour autant qu'il est correct.

puisque beaucoup des faits généraux dont ils transmettent la connaissance sont susceptibles d'être vérifiés. Je peux me reporter à un livre d'histoire et me rendre compte que ce dont je croyais me souvenir au sujet de C. Colomb était faux. En réalité, nous nous fions à un très grand nombre de souvenirs factuels sans qu'ils soient accompagnés ni du fait qu'ils représentent, ni de la connaissance de la source d'où ils viennent – la plupart d'entre nous sont incapables de dire, par exemple, quand et comment ils ont acquis les connaissances historiques qui sont les leurs. Quoi qu'il en soit, le problème qui vient d'être soulevé est local. Or une difficulté plus inquiétante se profile à un niveau général. Le livre d'histoire que je consulte a été écrit par un historien qui a fait fonds sur ses souvenirs pour l'écrire (ceux des documents qu'il a consultés, ceux de ce qu'il a appris d'autres personnes etc.). La justification de mon souvenir à laquelle je procède recourt donc elle-même à des souvenirs, qui sont entachés de la même insuffisance que le mien. Et même dans le cas apparemment non problématique où je crois vérifier simplement un souvenir factuel en le confrontant à un fait présentement disponible, la question se pose de savoir si je me souviens bien, au moment supposé de la vérification, du souvenir que je me suis proposé de vérifier il y a quelques instants. Ce qui manque à chaque fois est une raison indépendante qui serait capable de valider l'ensemble de la connaissance formée de nos souvenirs. Mais alors, avons-nous raison de nous fier à nos souvenirs comme nous le faisons sans cesse? Que l'on ne puisse sortir du cercle des souvenirs entame-t-il la légitimité de l'autorité avec laquelle la grande majorité d'entre eux se présentent à notre esprit? En d'autres termes, la normativité épistémique inhérente à nos souvenirs fournit-elle à leur sujet, lorsque nous nous conformons à elle, une justification satisfaisante ?[1] Il suffit de pousser un peu ces mises en question pour trouver attirante l'idée qu'il n'y a rien dans mes souvenirs qui garantisse qu'il y ait eu quelque chose dont ils forment la représentation. On défendrait alors un scepticisme mémoriel radical que l'on pourrait présenter ainsi[2] : qu'est-ce qui vous garantit que le souvenir que vous avez d'avoir lu les pages précédentes de ce livre, ou même les quelques mots qui précèdent ceux que vous êtes en train de lire, ne viennent pas de surgir à l'instant du néant, ainsi que vous-même et toute la réalité ?

Afin de cerner la nature de la normativité évoquée, une précision sera utile. On doit distinguer la *vérifaction*, *i.e.* la relation du souvenir à ce qui le rend vrai ou faux, de la *justification*, *i.e.* ce qui légitime que quelqu'un se fie à un souvenir. Mon ami X a assisté à l'événement p et il décide de me le raconter. Mais il se trompe dans la description de ce qu'il a vu et le déforme en p^*. Avec le temps, ma mémoire déforme à son tour l'information que X m'a transmise, et il se trouve que cela a pour effet de transformer p^* en p. Le souvenir sémantique que je possède est donc conforme à ce qui s'est déroulé dans le passé lorsque p s'est produit. Nous serons néanmoins réticents à admettre que tout soit en ordre du point de vue épistémique

---

1. Une question importante (que je ne peux qu'esquisser ici) est celle de savoir comment le souvenir propage les croyances à travers le temps. En réactivant sans cesse leur justification ? En valant comme preuve que la croyance considérée a été admise dans le passé ? En propageant seulement l'autorité de la croyance ?

2. *Cf.* Russell (*The Analysis of Mind*, p. 159-160) et Hume, *A Treatise of Human Nature*, I, 3, 5.

dans mon souvenir que *p*. C'est que l'évaluation épistémique de nos souvenirs est sensible aux raisons pour lesquelles nous les admettons[1], et pas seulement à leur valeur de vérité objective. Dans l'exemple précédent, certes, mon souvenir est rendu vrai par le fait dont j'ai conscience comme de son objet et je sais qu'il en va ainsi. Mais la justification que je suis en mesure de donner n'est pas satisfaisante dans la mesure où elle résulte d'erreurs. Si l'on me sommait de donner les raisons de ce que j'affirme, je dirais sans doute que je me souviens (bien) du récit (exact) que *X* m'a fait de l'événement en question – ce qui n'est pas le cas.

Le problème général qui se profile ici est de savoir si l'on a jamais les moyens cognitifs d'effectuer un diagnostic comme celui que je viens de formuler. Est-on jamais capable de s'assurer que les justifications que l'on apporte à l'appui de ses souvenirs correspondent bien à leur vérifaction ? A propos de mon souvenir que *p*, j'ai supposé un peu vite que je pouvais adopter un point de vue de surplomb atemporel, et de cette façon, constater les processus de déformation successifs opérés par la mémoire de *X* et par la mienne. Or parce que je suis toujours immergé dans le temps, je ne peux effectuer un tel constat qu'en supposant un souvenir plus exact que celui dont je dénonce l'inexactitude. Le divorce semble donc profond entre la vérifaction et la justification.

---

1. Une question importante est de déterminer ce que doit être une justification de nos souvenirs pour pouvoir compter comme telle. C'est l'objet du débat internalisme/externalisme dans le champ de la gnoséologie du souvenir, *cf.* D. Owens, « The Authority of Memory », *European Journal of Philosophy*, 7, 1999 et Th. D. Senor, « Epistemological Problems of Memory », *Stanford Encyclopedia of Philosophy*, 2005. Ce problème est abordé avec le débat qui oppose le réalisme et l'anti-réalisme sémantiques, cf. *infra*.

Les sections qui suivent explorent cette mise en cause de la valeur épistémique de nos souvenirs en proposant aussi bien des analyses qui la prolongent (*cf.* les deux premières sections) que des analyses qui la contestent (*cf.* la troisième section).

La restriction de la portée épistémique du souvenir

Le phénoménalisme

Les réalismes direct et indirect s'opposaient sur la question de savoir si le souvenir épisodique nous conduit jusqu'à l'événement passé qu'il paraît représenter. Une autre question est de savoir si cet événement est bien ce au sujet de quoi le souvenir prétend nous transmettre un savoir. Le souvenir ne se donne-t-il pas de lui-même, pour ainsi dire, une portée épisté-mique plus restreinte que celle que l'on est souvent tenté de lui attribuer ? Selon la conception phénoménaliste, on se souvient en réalité de l'*expérience* passée d'un événement plutôt que de cet événement lui-même[1]. Puisque le souvenir épisodique a pour cause une expérience passée, dira-t-on, il s'engage épistémiquement – et ne peut s'engager que – sur cette expérience. Ainsi :

> **Phénoménalisme.** *S* se souvient épisodiquement de *p* seule-ment s'il se souvient de son expérience de *p*.

---

1. Pour une défense de cette thèse, voir von Leyden, *Remembering*, London, Duckworth, 1961, p. 60-1, ainsi que A. Meinong, « Toward an Epistemological Assessment of Memory » *in* R. M. Chisholm and R. J. Swartz, (éd.) *Empirical Knowledge : Readings from Contemporary Sources*, Englewood Cliffs : Prentice Hall, 1973. Pour une critique, voir Malcolm, *Memory and Mind*, *op. cit.*, p. 22-28 et Fernandez, « The intentionality of memory ».

Le phénoménalisme implique que la condition de correction exclusive du souvenir épisodique est sa fidélité à l'expérience passée dont il est issu. Le jugement mémoriel correspondant serait neutre à l'égard de la réalité dont on a fait l'expérience.

Un premier problème est que de l'affirmation selon laquelle la fidélité du souvenir épisodique à l'expérience passée est le critère de correction du souvenir, on peut tirer une conclusion opposée au phénoménalisme. On l'a vu, la perception est transparente à l'égard du souvenir au sens où une propriété du contenu du souvenir épisodique est qu'il ne représente souvent aucun élément de l'expérience perceptive elle-même : se souvenir d'avoir perçu p, c'est se souvenir de p. En conséquence, plutôt que sa neutralité, la fidélité du souvenir à l'expérience perceptive implique sa véridicité à l'égard de l'état du monde qui a formé l'objet de la perception passée. C'est donc une façon à part entière de ne pas être correct, pour un souvenir épisodique, que de bien représenter une perception passée qui est erronée, c'est-à-dire d'« hériter d'une erreur »[1].

Un second problème est que si le phénoménalisme a raison, alors le souvenir épisodique ne peut nous informer sur un état passé du monde que de façon inférentielle. Puisque la portée épistémique du souvenir se limite à l'expérience passée dont il est dérivé, on ne peut former à partir de lui un jugement sur ce qui a été perçu qu'au terme d'un raisonnement du type :

(i) Je me souviens d'avoir perçu p.

---

1. Fernandez, « Memory and Time », *op.cit.*, p. 26.

(ii) Or lorsque l'occurrence d'un état mnésique comme celui-là se produit en moi, c'est en général qu'il y a eu quelque chose comme *p* et que je l'ai perçu.

(iii) Donc, probablement, quelque chose comme *p* s'est produit dans le passé.

Mais le souvenir épisodique n'est pas un simple indice que l'on soumettrait à une interprétation afin d'en tirer une hypothèse sur le passé, pas plus que la perception n'est soumise à une interprétation de façon à formuler une hypothèse sur le présent. La façon dont le souvenir épisodique justifie les croyances correspondantes sur le passé n'est pas inférentielle. Le souvenir épisodique de *p* justifie *immédiatement* la croyance que *p* dans le passé. La véridicité à l'égard de ce qui a été perçu appartient donc à sa normativité épistémique.

L'anti-réalisme

Il existe dans le champ de la sémantique des propositions un débat entre des conceptions désignées respectivement comme « réaliste » et « anti-réaliste ». Ce débat porte sur le rapport de la signification et des conditions de vérité de nos propositions à nos capacités cognitives. Selon le réaliste, nos propositions ont des conditions de vérité qui peuvent échapper à notre capacité de savoir si elles sont satisfaites ou pas. Par exemple, si j'affirme qu'autrui ressent telle émotion, les conditions de vérité de mon affirmation – l'occurrence d'une certaine émotion chez la personne dont je parle – échappent à ma connaissance puisque l'intériorité psychologique d'autrui m'est inaccessible. Selon l'anti-réaliste, en revanche, la signification de nos propositions ne détermine pas d'autres conditions de vérité que celles que nous sommes capables de connaître. Après tout, savoir si quelqu'un ressent ou pas une émotion ne nous pose souvent aucun problème particulier. La thèse réaliste de l'inaccessibilité épistémique des conditions de vérité provient donc d'une conception erronée de ce que sont ces conditions. Cela signifie que mes propositions au sujet de l'émotion d'autrui ne portent pas, tout bien considéré, sur l'intériorité d'autrui mais sur son comportement, c'est-à-dire sur des conditions dont je suis capable de constater la satisfaction éventuelle. L'anti-réaliste défend donc que la signification des propositions psychologiques n'est rien d'autre que celle de propositions comportementales, et que la vérité (fausseté) des premières consiste en celle des secondes[1]. L'opposition du réalisme et de l'anti-réalisme se joue également sur le cas des propositions au temps du passé, le réalisme soutenant que la vérifaction de celles-ci est indépendante de nos capacités de les justifier, et l'anti-réaliste répliquant que nos propositions au passé ne pourraient avoir la signification déterminée qu'elles ont si leurs conditions de vérité se trouvaient au-delà de nos prises cognitives.

Le débat évoqué importe à la notion de souvenir parce que selon la position que l'on défend, on répondra différemment à la question de savoir dans quel rapport épistémique le souvenir nous place à l'égard du passé[2]. La discussion du phénoménalisme demandait si le souvenir nous donne à connaître notre expérience passée ou l'objet de celle-ci; le débat sémantique réalisme/anti-réalisme demande s'il nous donne à connaître ce qui s'est produit dans le passé ou seulement des traces de cela.

---

1. *Cf.* M. Dummett, « Realism » (1982) et « The Reality of the Past » (1969) in *Truth and Other Enigmas*, London, Harvard University Press, 1978.
2. *Cf.* J. Campbell, *Past, Space, and Self*, *op. cit.*, chap. 7.

Engageons d'abord le souvenir dans une argumentation anti-réaliste. Selon l'anti-réalisme, une proposition au passé exprimée maintenant est vraie (ou fausse) en fonction de l'existence (ou de la non-existence) dans le présent et/ou le futur de preuves de l'événement passé dont parle la proposition, c'est-à-dire de preuves qui, à la différence du fait passé définitivement inaccessible, sont ou seront susceptibles de donner lieu à une vérification de la proposition. Il semble naturel de compter le souvenir épisodique au nombre de ces preuves[1]. Une conséquence importante de l'anti-réalisme est que pour une même configuration du passé, un ensemble donné de propositions temporellement corrélatives est susceptible de prendre des valeurs de vérité différentes. Prenons un exemple. Il pleut à t_1 et je dis alors (*i*) « Il pleut ». Puis le lendemain (à t_2), je me souviens du temps de la veille et je dis (*ii*) « Il a plu ». Le surlendemain (à t_3), j'ai oublié qu'il avait plu à t_1. Les valeurs de vérité des énoncés (*i*) et (*ii*) sont unies par un lien logique très fort. En effet, dire (*i*) à t_1 de façon vraie implique que dire (*ii*) à un instant ultérieur, par exemple à t_2, est également correct. L'anti-réalisme admet l'existence d'un tel lien, mais il le relativise au moment d'évaluation des énoncés en question. Si j'évalue l'énoncé (*ii*) à t_2, je déclarerai qu'il est vrai et donc que (*i*) était vrai à t_1 car je dispose (à t_2) du souvenir qu'il a plu. En revanche, si t_3 est l'instant d'évaluation, je déclarerai que (*ii*) est faux et donc que (*i*) était faux à t_1. Par conséquent, le lien d'implication qui unit les valeurs de vérité respectives des énoncés (*i*) et (*ii*) à travers le temps n'est valable à chaque fois que relativement à l'instant choisi pour effectuer l'évaluation. Mais alors, si l'on suit l'anti-réaliste, la

---

1. Dummett, « The Reality of the Past », *Truth and Other Enigmas*, p. 363.

fragilité du souvenir introduit la possibilité que le même énoncé (*ii*) soit vrai du point de vue de t_2 et faux du point de vue de t_3 alors que n'ont changé ni la réalité passée ni le rapport temporel de (*ii*) à l'égard de cette réalité. La contradiction menace.

> **Anti-réalisme sémantique.** La possibilité pour le souvenir épisodique de *p* de s'altérer implique la possibilité du changement de valeur de vérité de l'énoncé (au temps du passé) *p*.

La parade que peut trouver l'anti-réaliste face à cette difficulté est de dire que la forme verbale (*ii*) n'a pas les mêmes conditions de vérité et n'exprime donc pas la même proposition selon l'instant d'évaluation considéré. De cette façon, la contradiction s'éloigne. Mais le prix à payer est d'admettre qu'une incommensurabilité radicale sépare les différentes perspectives temporelles sur la réalité que forment les différents instants d'évaluation, puisque la réplique anti-réaliste implique que (*ii*) ne signifie pas la même chose d'une perspective temporelle à une autre [1].

Face à cette parade, c'est au tour du réaliste d'invoquer le souvenir pour défendre sa position. J'ai souligné que l'occurrence d'un souvenir épisodique suppose que ce dont on se souvient ait fait l'objet d'une expérience antérieure et qu'on ne puisse comprendre un souvenir sans accéder au contenu de l'expérience passé et le comprendre. Dans la vie ordinaire de nos esprits, le souvenir exprimé par (*ii*) à t_2 n'a pas la valeur d'un effet supposé d'un événement passé au sujet duquel il permettrait simplement de formuler des hypothèses; il implique la compréhension de ce que (*i*) a signifié à t_1, c'est-à-

---

1. *Cf.* J. Campbell, *Past, Space, and Self, op. cit.*, chap. 7, 7.4.

dire qu'il est la saisie du même état de choses à la perspective temporelle près. Or la thèse anti-réaliste de l'incommensurabilité des perspectives temporelles exclut précisément une telle saisie et ne peut donc rendre compte de la normativité épistémique propre au souvenir épisodique.

> **Réalisme sémantique.** La compréhension du souvenir épisodique de *p* suppose la commensurabilité de la perspective temporelle où ce souvenir a lieu et de celle de l'expérience passée dont il dérive.

Le débat n'est certainement pas clos de cette façon, mais on dispose néanmoins d'une objection contre la restriction de la portée épistémique que l'anti-réalisme entend infliger à la connaissance mémorielle.

L'altération du contenu du souvenir par le temps

Le temps ne se contente pas de placer une distance entre le souvenir et ce qui est remémoré, il altère également ce que le souvenir retient. Un problème est celui de la façon dont le passage du temps détériore le contenu d'information du souvenir. Cette difficulté surgit en particulier sous l'aspect du problème sémantique de la singularité du contenu mnésique [1].

Le souvenir épisodique a pour propriété essentielle de porter sur des particuliers, par exemple sur telle occurrence de l'action de voter plutôt que sur le type de cette action. Une

---

1. Une autre forme de l'altération sémantique du contenu du souvenir est proposée par les expériences de pensée dites du «changement lent (*slow switching*)». Sur ce point, voir P. Ludlow, N. Martin (éd.), *Externalism and Self-Knowledge*, Stanford, CSLI, 1998, Part VI, ainsi que le Symposium «Externalism and Memory» de M. Tye et J. Heal (*Proceedings of the Aristotelian Society*, Supplementary Volumes, vol. 72, 1998, p. 77-109).

contrainte importante pour la pensée qui se rapporte ainsi à des particuliers est que le sujet qui l'entretient doit avoir la capacité de discriminer l'objet particulier sur lequel elle porte. Pour admettre qu'une personne qui affirme « Cette voiture est la mienne » sait quel sens elle donne à l'expression démonstrative « cette voiture », on est droit d'attendre qu'elle sache distinguer, face à une dizaine de voitures du même modèle et du même coloris, celle qui est la sienne. Le principe qui formule cette exigence est ce que l'on appelle le *Principe de Russell*[1]. Dans la mesure où le souvenir épisodique est une forme diachronique éminente de la pensée singulière, une première question est de savoir s'il peut satisfaire à ce principe, et des arguments ont été donnés précédemment à l'appui d'une réponse affirmative[2]. Une seconde question est de savoir comment le souvenir épisodique peut échouer à se conformer à ce principe. Autrement dit, qu'est-ce, pour ce type de souvenir, que perdre la relation directe avec le passé qui le caractérise ? Quelle(s) forme(s) est susceptible de prendre cette altération qui dessine l'une de ses limites épistémiques ?

Le phénomène de l'oubli est une réponse évidente[3]. Je vais me concentrer sur une réponse qui permet de soutenir qu'il n'est pas la seule cause possible de l'altération considérée ici.

---

1. *Cf.* G. Evans, *The Varieties of Reference*, *op. cit.*, chap. 4.

2. *Cf.* Campbell (*Reference and Consciousness*, *op. cit.*) où la capacité d'identification est fondée sur la capacité de simuler la perception passée. D'autres auteurs ont apporté une solution au problème de la capacité des contenus mémoriels épisodiques à désigner un objet singulier, notamment Evans (*The Varieties of Reference*, *op. cit.*, chap. 8).

3. Voir notamment la théorie psychologique classique selon laquelle l'oubli est le résultat de l'interférence de souvenirs d'événements du même type. *Cf.* D. Schacter, *A la recherche de la mémoire*, *op. cit.*, chap. 3.

Je l'examine en partant d'une théorie concurrente dite
« causaliste ».

La théorie causaliste et sa critique. Il faut distinguer au
moins deux types de relations entre le souvenir épisodique et
l'événement passé qu'il représente. Des relations *logiques*
d'abord, au sens où l'affirmation que l'on se souvient de *p*
n'est justifiée que si l'on est en droit de dire que l'on a soi-
même perçu *p* dans le passé. Cependant, il est tout à fait conce-
vable que quelqu'un ait perçu *p*, qu'il se représente cet événement correctement tout en ayant le sentiment de s'en souvenir,
et qu'il ne s'en souvienne pas. Pierre a assisté à un accident
dans le passé, dont il a des souvenirs épisodiques. Il a ensuite
lui-même été victime d'un accident et souffre depuis d'une
amnésie partielle qui a détruit les souvenirs relatifs à l'accident
dont il a été témoin. Au cours d'un spectacle d'hypnotisme,
Pierre accepte de participer à l'expérience, et alors qu'il est
sous hypnose, l'hypnotiseur lui souffle à l'oreille la description d'un accident qui se trouve correspondre exactement aux
souvenirs que Pierre avait du premier accident avant qu'ils
ne soient détruits. Une fois réveillé, les représentations que
l'hypnotiseur a introduites dans l'esprit de Pierre surgissent
devant l'esprit de celui-ci, qui a l'impression de retrouver ses
souvenirs. Dans ce cas, Pierre a bien des représentations qui
décrivent correctement un événement passé dont il a été le
témoin direct. Et pourtant, nous serons réticents à accorder que
Pierre « se souvient ». Ce qui manque ici, c'est une relation
autre que représentationnelle qui détermine l'objet de la représentation. Un candidat intéressant pour combler ce manque
est la relation *causale* qui relie le souvenir épisodique à
l'expérience passée et à l'événement qui a causé celle-ci. La

conception *causaliste* promeut cette relation au rang de condition nécessaire du souvenir[1]. Mais le causalisme accomplit également un second pas. On demande à un peintre de peindre une scène imaginaire. En réponse, il réalise un tableau qui représente une ferme avec force détails de couleurs, de personnages etc. en étant convaincu de tirer tous ces éléments de son imagination. Ses parents y reconnaissent très nettement une scène à laquelle le peintre a assisté au cours de son enfance. Il paraît légitime de soutenir que, bien qu'il n'ait pas l'expérience caractéristique du souvenir, le peintre est bel et bien en train de se souvenir[2]. La relation causale d'une représentation présente à une expérience passée qu'elle représente correctement serait donc non seulement nécessaire mais même suffisante pour constituer le souvenir. Au total[3] :

> **Causalisme.** S se souvient de p si et seulement si S a une représentation de p qui dérive causalement d'une expérience passée par S de p, et d'elle seule.

---

1. Pour l'exemple de l'hypnotiseur, *cf.* C. B. Martin, M. Deutscher, « Remembering », *op. cit.*, p. 174. Il faut noter qu'il s'agit bien là d'une thèse philosophique, car on pourrait chercher à fixer la visée intentionnelle de la représentation mémorielle sur l'événement p autrement que par le lien causal qui l'unit à lui. La nécessité de la relation causale pour le souvenir est soulignée chez E. Anscombe (« Memory, "Experience" and Causation » (1974), *Collected Philosophical Papers*, vol. II : *Metaphysics and the Philosophy of Mind*, Oxford, Blackwell, 1981), Shoemaker (1970), J. Campbell (*Past, Space, and Self*) et S. Bernecker (*The Metaphysics of Memory*, Springer, 2010, Part I).

2. *Cf.* C. B. Martin, M. Deutscher, « Remembering », *op. cit.*, p. 167-168.

3. Cf. *ibid.*, p. 166. Bien entendu, il faudrait affiner à la suite de Martin et Deutscher la caractérisation de la relation causale invoquée, *cf.* « Remembering », *op. cit.*, p. 180.

Quelles que soient ses failles, le causalisme a ainsi le mérite de mettre en évidence un aspect important de notre concept de souvenir, *sc.* la causalité[1].

J'ai dit qu'une affirmation importante de la conception causaliste est que la relation causale suffit à individuer l'objet de la représentation mémorielle. L'objection que je vais développer maintenant vise précisément ce point[2]. Bien entendu, d'autres ont été avancées[3]. Partons d'un cas. Jean passe tous les jours devant la boutique d'un antiquaire. Il voit dans la vitrine un fauteuil Louis XVI et se dit à chaque fois : « Ce fauteuil est magnifique ! ». Décidé à en faire l'acquisition, il économise et dispose un beau jour de la somme nécessaire. La veille d'aller faire son achat, il se dit, en repensant à l'objet de son désir : « Je vais enfin pouvoir m'offrir ce fauteuil ! ». Ce que Jean ignore, c'est que l'antiquaire a déniché tout un lot de fauteuils identiques, que la ville où habite Jean est pleine d'amateurs de beaux meubles plus fortunés que lui, et qu'en conséquence, Jean a vu des fauteuils numériquement distincts malgré leur identité qualitative au cours de la période où il est passé devant la vitrine de l'antiquaire[4]. Cela a une conséquence sémantique importante pour l'expression

1. On ne peut l'évacuer simplement, *pace* Malcolm (« Three Lectures on Memory »).

2. Elle est développée de façon exemplaire par G. Evans, *The Varieties of Reference*, *op. cit.*, 3.4 et 4.1.

3. Voir en particulier R. Squires, « Memory Unchained », *The Philosophical Review*, vol. 78, n° 2, 1969, et D. Lewis, « Dualism and the Causal Theory of Memory », *Philosophy and Phenomenological Research*, vol. 44, n° 1, 1983.

4. Cet exemple est inspiré de K. Falvey, « Memory and Knowledge of Content », *in* S. Nuccetelli (éd.), *New Essays on Semantic Externalism and Self-Knowledge*, London, MIT Press, 2003, p. 223 *sq.*

démonstrative mémorielle « ce fauteuil ». Elle échoue à désigner un fauteuil particulier, puisque lui fait face, distribuée dans le temps, une multiplicité de tels fauteuils. On pourrait même soutenir qu'elle et l'image mentale qui lui correspond ont plutôt la valeur d'une description définie, que Jean formulera en ces termes si on lui demande quel fauteuil il a à l'esprit : « le fauteuil (unique) que j'ai vu ces dernières semaines en me rendant au travail ». Cette description n'est satisfaite par aucune entité et ne renvoie donc à rien, à la différence des démonstratifs perceptifs passés. Si maintenant l'on révèle à Jean l'illusion dont il a été victime, il saura *qu'*il a eu des pensées singulières dans le passé ; en revanche, et alors même qu'il n'a rien oublié, il ne saura pas *quelles* pensées singulières il a eues. Si certaines conditions dont dépend la possibilité de l'accès épistémique à l'objet ne sont pas satisfaites – en l'occurrence, la discrimination spatio-temporelle à laquelle Jean procédait de fait, bien qu'à son insu, chaque fois qu'il passait devant la vitrine – la pensée singulière devient inaccessible[1]. Jean a perdu la connaissance perceptive discriminante qui lui permettait de désigner de façon démonstrative un fauteuil particulier à chaque fois qu'il passait devant la vitrine, et par conséquent, son souvenir lui-même est incapable d'entretenir un tel rapport épistémique de façon diachronique. C'est un argument fort pour dire que le souvenir en question n'est épisodique qu'en apparence. C'en est un également pour contester la capacité de la relation causale à jouer le rôle d'individuation du contenu que le

---

1. Pour que cette conclusion soit valable, il faut bien sûr envisager le cas où Jean ne dispose d'aucun indice lui permettant de distinguer des autres l'un de ses passages devant la boutique et la perception correspondante.

causalisme veut lui faire jouer. En effet, alors qu'il entretient objectivement une pluralité de relations causales avec le passé, le souvenir de Jean est incapable d'opérer la discrimination correspondante.

Le souvenir comme source épistémique

Mes remarques finales tempèreront fortement les mises en cause précédentes. Si l'on définit une « source épistémique » comme une faculté cognitive qui délivre de l'information dont la particularité est qu'elle sert de fondement à la justification d'autres connaissances sans requérir elle-même d'être justifiée, alors les deux arguments qui concluent cette section alimentent la thèse que le souvenir épisodique, comme la perception, occupe la position de source épistémique dans l'édifice de notre connaissance.

L'objection du cercle. Sous l'effet de l'argumentation critique développée par les sections précédentes au sujet de la valeur épistémique du souvenir, on sera peut-être enclin à admettre que celui-ci n'est pas plus qu'une représentation du passé, dont on ne peut jamais savoir si elle correspond bien à ce qu'elle représente. Où l'on retrouve le représentationnalisme. Selon sa version humienne, l'idée en laquelle consiste le souvenir résulte d'une impression passée qui tout à la fois perd de sa vivacité et ressemble à l'impression qu'elle prolonge. On peut tirer de l'analyse critique de la théorie humienne par T. Reid [1] – l'un des représentants classiques du réalisme direct – une objection forte à cette explication. Si l'on se place dans le cadre de l'approche humienne, pour pouvoir établir que l'occurrence d'une idée i_1 résulte d'une impression

---

1. Cf. *Essays*, III, chap. 7, p. 146.

correspondante qui se trouve à son origine et à laquelle elle ressemble, il faut recourir au souvenir de cette impression afin de pouvoir la mettre en relation avec l'idée. Or puisque pour Hume, le seul sens possible de cela est qu'il faut s'appuyer sur une idée i_2 de cette impression, le problème se pose à l'identique pour i_2 d'établir qu'elle résulte bien de l'impression en question. Pour établir que le souvenir consiste en une idée i_1 résultant d'une impression, on présuppose qu'une idée i_2 forme le souvenir de l'impression en question. Hume se propose donc d'établir que les idées sont des souvenirs d'impressions passées en présupposant que les idées sont des souvenirs d'impressions passées.

La conséquence est que s'il est correct de dire que le souvenir consiste en une représentation issue d'une expérience passée, alors il est impossible de l'établir et nous courons tout droit au scepticisme; et s'il est possible de l'établir (quand c'est le cas), alors il doit exister une autre forme de souvenir que celle décrite par Hume. Pour échapper au caractère aporétique du compte rendu représentationnaliste, il faut admettre, selon Reid, une forme de souvenir tout à fait courante mais dont ne parle pas le représentationnalisme alors même qu'il en fait usage : celle des souvenirs dont on considère qu'ils nous donnent à connaître l'événement ou l'individu passé lui-même et non une idée présente de cet événement ou de cet individu.

Le rôle de fondement des croyances sur le passé. Archie a bien fouillé dans le tiroir de sa table de chevet et il n'y a pas trouvé les boutons de manchette qu'il y cherchait. Il se rend donc à sa soirée sans eux. Mais sur le chemin, alors qu'il repense à cet épisode, il réalise soudain que les boutons étaient coincés dans le mécanisme de fermeture de la ceinture sur lequel son regard a glissé lors de son exploration sans les remarquer. Au terme de son exploration perceptive, Archie n'avait aucune croyance relative à la localisation de ses boutons de manchette. C'est son souvenir qui corrige sa perception passée et fonde la croyance sur le passé considérée[1]. Il y a donc des cas où un épisode de notre vie perceptive ne donne pas lieu à la formulation d'une connaissance explicite dont le souvenir ne serait que la préservation, et où c'est le souvenir épisodique qui, comme dans le cas d'Archie, épingle un élément du passé et en forme une telle connaissance[2]. D'une façon similaire à la perception, dont en général on ne questionne pas la véridicité, le souvenir épisodique joue alors le rôle de source épistémique, et comme tel, celui de fondement d'un bon nombre de nos croyances sur le passé.

---

1. Martin, « Perceptions, Concepts and Memory », *op. cit.*, p. 749 *sq.* J. Campbell (*Past, Space, and Self, op. cit.*, p. 234) évoque le même type de cas. Pour l'idée de souvenir épisodique comme point de départ épistémique, *cf.* également D. Wiggins, « Remembering Directly », *in* J. Hopkins, A. Savile (éd.), *Psychoanalysis, Mind and Art – Perspectives on Richard Wolheim*, Oxford, Blackwell, 1993.

2. *Cf.* J. Dokic, « Is Memory Purely Preservative ? », *op. cit.*, p. 225-228 pour la défense de cette même conception.

TEXTES ET COMMENTAIRES

TEXTE 1

DAVID HUME,
Traité de la nature humaine *

Quand nous cherchons la caractéristique qui distingue la *mémoire* de l'imagination, nous devons aussitôt remarquer qu'elle ne peut se trouver dans les idées simples qu'elle nous présente, puisque les deux facultés empruntent leurs idées simples aux impressions et ne peuvent outrepasser ces perceptions originelles. Ces facultés ne se distinguent pas plus l'une de l'autre par l'arrangement de leurs idées complexes. En effet, bien que ce soit une propriété particulière de la mémoire que de conserver l'ordre primitif et la position originelle de ses idées, tandis que l'imagination les transpose et les change comme il lui plaît, cette différence ne suffit pas, néanmoins, à les distinguer dans leurs opérations et à nous faire connaître l'une d'après l'autre, car il est impossible de rappeler les impressions passées pour les comparer avec nos idées

*David Hume, *Traité de la nature humaine*, Livre I, Troisième partie, Section 5. Je remercie chaleureusement Philippe Saltel d'avoir retraduit pour ce volume le passage présenté ici. Le texte inclut celui de l'Appendice dont Hume dit qu'il doit être inséré.

présentes et voir si leur arrangement est exactement semblable. Donc, puisque la mémoire ne se reconnaît ni à l'ordre de ses idées *complexes* ni à la nature de ses idées *simples*, il s'ensuit que la différence entre l'imagination et elle se trouve dans sa force et sa vivacité supérieures. Un homme peut laisser aller sa fantaisie à feindre une série passée d'aventures : il n'y aurait aucune possibilité de distinguer cette fiction d'un souvenir du même genre, si les idées de l'imagination n'étaient plus faibles et plus obscures.

[App.] Lorsque deux hommes ont pris part à une séquence d'actions, quelle qu'elle soit, il arrive fréquemment que l'un s'en souvienne beaucoup mieux que l'autre et qu'il ait toutes les difficultés du monde à faire que son compagnon se la rappelle. Il parcourt en vain plusieurs circonstances, fait mention du moment, du lieu, de la compagnie, de ce qui a été dit, de ce qui a été fait, jusqu'à ce qu'il tombe enfin sur quelque élément bienvenu, qui fait revivre l'ensemble et donne à son ami une mémoire parfaite de toute chose. Dans un tel cas, la personne qui oublie reçoit d'abord toutes ses idées du propos d'autrui, accompagnées de circonstances de temps et de lieu identiques, bien qu'elle les considère comme de pures fictions de l'imagination. Mais aussitôt qu'est mentionnée la circonstance qui touche la mémoire, les mêmes idées apparaissent sous un jour nouveau et elles ont, d'une certaine manière, une tonalité sensible différente de celle qu'elles avaient auparavant. Sans aucune autre modification que celle de leur tonalité sensible, elles deviennent aussitôt des idées de la mémoire et reçoivent l'assentiment.

Puisque donc l'imagination peut représenter en totalité les mêmes objets que ceux que la mémoire peut nous offrir, et puisque ces facultés ne se distinguent que par la *tonalité sensible* des idées qu'elles présentent, il convient peut-être d'en examiner la nature. Et, sur ce point, je crois que chacun conviendra volontiers avec moi que les idées de la mémoire sont plus *fortes* et plus *vives* que celles de la fantaisie. [App.] Un peintre qui aurait l'intention de représenter une passion ou une émotion, de quelque genre qu'elle soit, s'efforcerait de trouver à observer une personne animée d'une émotion semblable, afin d'aviver ses idées et de leur donner une force et une vivacité supérieures à celles que l'on trouve dans les idées qui ne sont que de pures fictions de l'imagination. Plus récente est cette mémoire, plus claire est l'idée; et s'il veut revenir à la contemplation de son objet après un long intervalle, il constate toujours que son idée est fort affaiblie, si elle n'est complètement effacée. Nous sommes fréquemment dans le doute quant aux idées de la mémoire, lorsqu'elles deviennent très faibles et très fragiles, et il nous est difficile de décider si une image donnée provient de la fantaisie ou de la mémoire, quand elle n'est pas dessinée sous les couleurs vives qui distinguent cette dernière faculté. Je pense me souvenir de tel événement, dit-on, mais je n'en suis pas sûr. Une longue période de temps l'a presque fait disparaître de ma mémoire et me laisse incertain s'il est ou non le simple fruit de ma fantaisie.

Et de même qu'une idée de la mémoire peut dégénérer en perdant sa force et sa vivacité, au point d'être prise pour une idée de l'imagination, à l'opposé une idée de l'imagination peut acquérir assez de force et de vivacité pour passer pour une idée de la mémoire et en contrefaire les effets sur la croyance et le jugement. Cela a été remarqué dans le cas des menteurs, qui, à force de répéter fréquemment leurs mensonges, finissent par y croire et s'en souvenir comme de réalités, l'accoutumance et l'habitude ayant dans ce cas, comme dans bien d'autres, la même influence que la nature sur l'esprit, y imprimant l'idée avec autant de force et de vigueur.

Il apparaît ainsi que la *croyance* ou l'*assentiment* qui accompagne toujours la mémoire et les sens n'est rien d'autre que la vivacité des perceptions qu'ils présentent, et que cela seul les distingue de l'imagination. Croire, c'est en ce cas éprouver une impression immédiate des sens ou une répétition de cette impression dans la mémoire. Ce sont seulement la force et la vivacité de la perception qui constituent l'acte initial du jugement et qui donnent un fondement au raisonnement que nous construisons quand nous traçons la relation de cause à effet.

Traduction Philippe Saltel

COMMENTAIRE

Hume consacre à la mémoire deux sections du Livre I de son *Traité de la nature humaine*. Elles comptent au nombre des textes classiques de la philosophie du souvenir. La première (Livre I, Partie 1, Section 3) prend place dans une élucidation de ce que Hume considère comme les « éléments de [sa] philosophie », c'est-à-dire au premier chef les idées et leurs relations. La mémoire y est étudiée quant à sa *nature* propre. La seconde (I, 3, 5) – dont l'extrait traduit forme presque l'intégralité – intervient au cours de l'examen de l'objet principal du Livre I qu'est la causalité, et plus précisément, de l'opération de l'inférence causale[1] qui, d'un objet perçu ou remémoré, c'est-à-dire d'un objet dont nous constatons ou avons constaté l'existence, nous conduit à la cause ou à l'effet de cet objet. Comme le rappelle la dernière phrase du texte traduit, pour pouvoir croire qu'une cause a produit l'objet en question, ou que celui-ci produira un effet, bref qu'une relation causale existe, il faut d'abord croire que l'un

---

1. Plus précisément encore, Hume pose la question de l'inférence causale dans le but de comprendre pourquoi nous considérons les relations causales comme des connexions nécessaires (I, 3, 2).

des termes de la relation existe (I, 3, 4)[1]. C'est ici que la mémoire entre de nouveau en scène, abordée cette fois par la *fonction* qu'elle remplit au sein du processus de l'inférence causale. Le phénomène du souvenir (*recollection, recall*) – puisque c'est de lui que traite principalement Hume lorsqu'il parle de la mémoire (*memory*)[2] – est donc abordé de façon différente en chacune de ces occurrences.

LE CRITÈRE PHÉNOMÉNAL ET LE CRITÈRE ÉPISTÉMIQUE. Hume propose d'aborder le souvenir en le distinguant de l'imagi-nation entendue comme faculté de se représenter des choses imaginaires (ce qu'il appelle les «fictions de l'imagina-tion»)[3]. Selon lui, le souvenir, tout comme l'imagination, consiste en idées ou images mentales qui sont dérivées d'im-pressions antérieures[4]. Leurs idées simples sont de même «nature» puisqu'elles les empruntent toutes deux «aux impressions et ne peuvent outrepasser ces perceptions originelles». Mais alors comment l'idée de souvenir se distingue-t-elle de celle de l'imagination? Deux critères sont avancés par Hume.

1. Hume distingue les cas qui nous *enseignent* l'existence d'une relation causale, dans lesquels il faut que nous ayons perçu aussi bien la cause que l'effet, de ceux où nous *raisonnons* au sujet d'une relation causale (*i.e.* opérons une inférence causale), dans lesquels il faut et suffit que nous ayons l'impres-sion (sensible ou mémorielle) de l'un des deux termes de la relation (*cf.* I, 3, 6).

2. Dans les passages mentionnés, Hume pense en priorité au souvenir d'une expérience sensible passée.

3. Et non pas seulement de se former des images mentales, ce qui inclurait le souvenir.

4. Il s'agit du principe de priorité des impressions sur les idées, que mentionne le texte traduit. Rappelons que, selon Hume, l'intégralité de l'expérience est formée d'idées et d'impressions, qu'il réunit sous le terme de «perception» (Sect. I, 1, 1). Sur la difficulté que pose cette analyse dans le cas du souvenir, *cf. supra* l'objection du cercle.

Dans la perspective empiriste, le souvenir et l'imagination sont des expériences présentes que l'on doit pouvoir distinguer par l'épreuve que nous en faisons, *i.e.* par ce que cela fait de les avoir, ou encore, par la « façon » ou la « manière » dont nous les avons[1]. Le premier critère de distinction avancé par Hume est précisément un critère *phénoménal*, celui de la « force » et de la « vivacité », qu'il qualifie de « différence sensible ». Rappelons que ces propriétés sont déjà celles invoquées pour distinguer les impressions des idées. De nouveau convoquées pour distinguer souvenir et imagination par leur différence de degré de force et de vivacité, elles conduisent à faire du souvenir une expérience « intermédiaire entre une impression et une idée » et de l'imagination « une idée parfaite »; on comprend alors qu'il arrive à Hume de parler aussi bien des « impressions »[2] que des « idées » de la mémoire.

Avant même d'examiner le premier critère, il faut indiquer que Hume ne s'en tient pas à lui mais en introduit un second qui, contrairement à la lecture qui en a parfois été faite[3], est tout sauf négligeable. Selon Hume, une idée est simple ou complexe, et la plupart de nos perceptions sont complexes, c'est-à-dire composées d'impressions et/ou d'idées plus simples. C'est ici qu'intervient le second critère, que l'on peut qualifier d'*épistémique* – c'est lui que désigne « l'arrangement [des] idées complexes » dont parle le texte traduit. En effet, une idée peut soit reproduire les impressions passées selon l'« ordre » temporel et la configuration (la « forme » ou la « position ») dans lesquels elles sont apparues, soit ne pas le

1. Respectivement I, 1, 3 et I, 3, 7.
2. Notamment au début de I, 3, 5.
3. *Cf.* les études classiques de Reid (1785) et R. F. Holland (« The Empiricist Theory of Memory », *Mind*, vol. 63, n°252, 1954).

faire. Dans le cas du souvenir, par différence avec celui de l'imagination, la conformité à l'ordre et à la forme des impressions passées est une condition pour qu'une idée (complexe) soit bien un souvenir; le souvenir est « assujetti » à l'ordre et à la forme des impressions passées qu'il reproduit. Si, par exemple, j'ai présente à l'esprit l'image d'une scène qui réunit des personnes que j'ai en réalité rencontrées à des instants différents, ou si je me représente une pièce que j'ai visitée en modifiant complètement la disposition des meubles qui l'occupaient, alors l'image mentale devra être tenue pour une image fictive plutôt que pour un souvenir.

Parce qu'elle établit et prend en compte à la fois le critère phénoménal et le critère épistémique du souvenir, l'analyse humienne ne se contente pas de donner le coup d'envoi de l'approche empiriste internaliste dont on trouve des prolongements jusqu'à l'époque contemporaine, notamment dans le souhait de Tulving que l'étude du souvenir fasse de l'« expérience de la remémoration » son « objet principal »[1], ou plus largement dans les conceptions qui conçoivent la spécificité du souvenir épisodique sous la figure de traits phénoménologiques distinctifs. Elle problématise également le rapport de la dimension phénoménale aux conditions qui sont extérieures à l'état mental mnésique et qui doivent être satisfaites pour que l'on ait affaire à un souvenir. Sans doute Hume favorise-t-il finalement le critère phénoménal dans le texte traduit, mais d'une part il n'est pas dit que ce soit là son dernier mot, et d'autre part, il ne le fait pas sans discuter le rapport de ce critère au critère épistémique. Les lignes qui suivent ont précisément

1. 1983, p. 184.

pour but d'élucider comment ces deux critères s'articulent l'un à l'autre au sein de l'analyse humienne.

Deux critères pour deux distinctions. Qu'est-ce qui distingue exactement les deux critères humiens présentés à l'instant?

Une première différence sépare les critères phénoménal et épistémique. Le premier critère est en effet un critère *interne*, introspectible et formé de propriétés présentes pour le sujet remémorant. En revanche, le second critère est *externe*, non introspectible et fait dépendre le caractère mnésique d'une idée de ce qui s'est produit dans le passé. Un point important de notre texte s'en trouve éclairé. Puisqu'on ne peut pas comparer une idée présente avec l'impression passée dont elle dérive, le rapport d'isomorphie éventuelle ne peut servir, au sujet remémorant, de marque distinctive du souvenir. Rappelons que le texte considéré s'inscrit dans une enquête sur l'opération de l'inférence causale, et l'un des points soulignés par Hume est que celle-ci doit pouvoir prendre appui sur une « impression originelle ». Selon la distinction proposée plus haut, Hume ne cherche plus à déterminer la nature du souvenir mais considère la fonction qu'il remplit au sein d'une certaine opération. Il faut donc qu'une idée puisse être immédiatement reconnue comme celle d'un souvenir pour pouvoir remplir ce rôle. Sans nier que l'isomorphie est bien la « propriété particulière de la mémoire de conserver l'ordre primitif et la position originelle de ses idées », le caractère externe de cette propriété fait cependant qu'elle « ne suffit pas à distinguer » le souvenir de l'imagination. Critère réel de la nature mnésique d'une idée, elle n'est pas accessible et donc utilisable pour reconnaître le souvenir. Seul le premier critère, interne, est susceptible de jouer ce rôle de « caractéristique » distinctive.

Mais comme certains commentateurs l'ont noté[1], une seconde différence sépare les deux critères humiens. Dans ce qui précède, j'ai peut-être eu tort de tenir pour acquis que la distinction tracée par le premier critère se superposait à celle que trace le second. Le critère phénoménal dessine une limite *catégorielle*, qui passe entre l'état du souvenir et celui de l'imagination, sans considération de la correction du souvenir. La question à laquelle il répond est celle de savoir si telle idée est de nature mnésique ou imaginative. Le critère épistémique, quant à lui, ne détermine pas la nature mais la *correction* d'une idée mnésique, *i.e.* il énonce la condition à laquelle un souvenir est vrai. Par là, il ne sépare pas seulement les souvenirs des idées imaginatives, mais également les souvenirs corrects des souvenirs incorrects. Dans les termes contemporains utilisés par D. Pears, les deux critères relèvent respectivement d'une théorie de la *signification* des idées mnésiques et d'une théorie de la *vérité* de ces mêmes idées. Pourtant, Hume ne distingue pas les deux partitions différentes qu'ils opèrent.

Critère phénoménal	Critère épistémique
Interne	Externe
-	-
Souvenir (exact ou inexact)	Souvenir exact
vs	*vs*
Pure fiction	Souvenir inexact et Pure fiction

1. D. Pears, *Hume's System – An Examination of the First Book of his Treatise*, Oxford, Oxford University Press, 1990, chap. 3, p. 40-41 et J. K. McDonough, « Hume's Account of Memory », *British Journal of the History of Philosophy*, 10 (1), 2002, p. 80 *sq.*

Mais si les deux critères ne tracent pas une même limite, comment s'articulent-ils? Et dans quelle mesure Hume renonce-t-il au second dans le texte traduit?

L'ARTICULATION DES DEUX CRITÈRES. Selon la thèse centrale du texte, nous utilisons le premier critère, et non le second, pour distinguer souvenir et imagination. L'exemple introduit par l'Appendice a pour intérêt de nous placer face à un cas où l'on fait l'expérience du passage de l'expérience propre à l'imagination (lorsque le sujet cherche à se représenter «comme de pures fictions» un certain événement) à celle propre au souvenir (lorsque le sujet se souvient tout à coup de l'événement en question). La soudaineté du surgissement du souvenir et le contraste entre les deux états psychologiques font de cet exemple une donnée favorable à la thèse que la différence entre souvenir et imagination à laquelle nous nous fions pour opérer la distinction se tient tout entière dans l'expérience présente. Mais que faut-il entendre exactement par l'expression «force et vivacité (*strength and liveliness, force and vivacity*) »?

Au-delà de ses renvois répétés à l'expérience immédiate censée nous apprendre la signification de ces expressions, Hume est loin d'être toujours clair dans la réponse qu'il apporte à cette question. Il est d'abord remarquable, bien que Hume n'en dise rien, que le critère phénoménal recouvre aussi bien un aspect *pictural* (la mémoire « peint ses objets avec des couleurs plus franches ») qu'un aspect *procédural* du souvenir (« lorsque nous nous rappelons un événement passé, l'idée en imprègne l'esprit d'une manière irrésistible (*flows in upon the mind*) »), c'est-à-dire aussi bien une propriété de l'image du souvenir que de la façon dont elle fait son apparition dans l'esprit. Un second point est plus problématique encore. Dans l'Appendice à I, 3, 7, Hume s'emploie à préciser l'idée que la croyance se définit par une certaine « manière » dont on conçoit l'idée qui est crue. Il précise ce qu'il entend par ce terme en juxtaposant d'autres propriétés à la force et à la vivacité. En particulier, il évoque le « poids » et l'« influence » spécifiques des idées crues [1]. Or il s'agit là de propriétés qui ne sont pas seulement *phénoménales* mais également *fonctionnelles*, dans la mesure où elles consistent en la détermination que les croyances exercent sur les actes d'un sujet et ses autres croyances [2]. Bien entendu, Hume peut arguer que cette action est due aux propriétés phénoménales de l'idée crue – c'est d'ailleurs ce qu'il fait à la fin du texte de l'Appendice que je viens de mentionner. Pourtant, on n'a pas affaire ici à une condition nécessaire de la valeur fonctionnelle, puisqu'il arrive bien souvent qu'une croyance dont on n'a qu'à peine conscience remplisse un rôle important dans notre économie cognitive et dans le choix de nos actions. Hume ne reconnaît donc pas la spécificité de cette caractéristique de la croyance, qu'il range comme les autres sous la notion unique de « tonalité sensible (*feeling*) » [3].

Comme le montre la seconde difficulté mentionnée, la conception de la croyance que Hume adopte est tout à fait particulière. Quoi qu'il en soit des difficultés qu'elle soulève, elle permet de comprendre son analyse du souvenir. Que la vivacité et la force soient caractérisées avant tout comme des

---

1. *Cf.* trad. fr. p. 377-378. Même caractérisation en I, 3, 8, trad. fr. p. 171.

2. Pour cette dimension de la croyance, *cf.* C. McGinn, « The Structure of Content », *in* A. Woodfield (éd.), *Thought and Object*, Oxford, Clarendon Press, 1982, p. 216.

3. Holland (« The Empiricist Theory of Memory », *op. cit.*, p. 471) et Pears (*Hume's System*, *op. cit.*, p. 41-42) adressent une objection similaire à celle que je viens de soulever, en soutenant que le critère que Hume présente comme psychologique est en réalité de nature logique.

traits du poids doxastique d'une idée signifie en effet que Hume définit le souvenir comme une croyance. La distinction phénoménale entre souvenir et imagination est donc aussi bien une distinction entre la croyance et la fiction[1]. Le premier critère est un « critère phénoménal et doxastique (*phenomenal cum doxastic criterion*) »[2].

Mais dans quelle mesure le critère phénoménal, ainsi explicité et malgré ses ambiguïtés, peut-il être considéré comme indépendant du second ? En effet, on est en droit d'attendre que la croyance en laquelle consiste l'idée mnésique du fait de sa force et de sa vivacité ait pour contenu qu'une impression complexe passée (à peu près) identique à l'idée complexe présente s'est produite et constitue la cause de l'idée présente. Or, peut-on remarquer, la force et la vivacité de l'idée mnésique ne sont en elles-mêmes rien d'autre que des propriétés phénoménales. Pour devenir des critères du caractère mnésique d'une idée, il faut encore qu'elles introduisent, en plus d'elles-mêmes, une *référence causale au passé*. Comment le peuvent-elles ?

Une solution avancée par D. Flage[3] est de considérer qu'en réalité elles réintroduisent le second critère, car lui seul fait dépendre du passé la nature mnésique d'une idée présente. Si notre texte écarte le second critère, il le ferait donc bien et uniquement dans la perspective qui lui est propre, celle de la recherche d'une caractéristique distinctive du souvenir, et ne retirerait donc rien, ce faisant, à la valeur constitutive du

---

1. L'appendice à I, 3, 7 est très clair sur ce point.
2. D. Flage, « Hume on Memory and Causation » (*Hume Studies*, 10th Anniversary Issue, 1984, p. 170).
3. Il la développe en particulier dans son article de 1984 et « Remembering the Past » (*Hume Studies*, vol. XV, n°1, April 1989).

second critère. Tout au contraire, il la présupposerait. Plus précisément, selon Flage, d'une part le premier critère ne peut opérer indépendamment du second – on vient de voir ce qui milite en faveur de cette lecture – et d'autre part, le second critère consiste en une *thèse causale*. Que faut-il entendre par là ? Pour Flage, les idées mnésiques sont équivalentes à des descriptions définies du type : « l'impression complexe qui est la cause (originelle) d'une idée positive *m* et qui ressemble exactement (ou de très près) à *m* ». La signification des idées mnésiques ferait donc référence à une impression passée qu'elle distinguerait par la relation causale qui la lie à l'idée présente (« l'idée positive *m* »)[1].

A l'appui de cette lecture, on peut faire valoir qu'elle rend intelligibles certaines affirmations de Hume qui ne le seraient pas sous l'hypothèse d'un abandon pur et simple du second critère. Prenons le cas des menteurs. Comme le remarque O. Johnson[2], si l'on rejette le second critère et pense que seul le critère phénoménal distingue le souvenir de l'imagination, alors les menteurs cessent d'être des menteurs dès lors qu'ils croient leurs mensonges. En effet, selon la définition du souvenir sur laquelle on se règle alors, les souvenirs des mensonges *deviennent* d'authentiques souvenirs en acquérant

1. Pour Flage, le souvenir consiste en une « idée positive », dont le contenu est l'événement passé considéré indépendamment de sa situation temporelle et de sa relation causale à l'idée qui le présente, et en la signification qui établit la relation de l'idée à l'événement qu'elle présente. Le tout – l'idée mnésique (le souvenir) à proprement parler – constitue une « idée relative ».
2. O. Johnson, « "Lively" Memory and "Past" Memory » (*Hume Studies*, vol. XIII, n°2, November 1987, p. 349-50 notamment). Johnson soutient que Hume abandonne le second critère et, par conséquent, que la difficulté évoquée est inhérente au texte.

la force et la vivacité requises pour cela[1]. Selon Flage, pour que leurs mensonges restent des mensonges, et plus généralement, pour que l'augmentation de la force et de la vivacité d'une idée de l'imagination puisse seulement la faire « passer pour » une idée de la mémoire et « contrefaire les effets de la croyance », il faut maintenir la valeur constitutive du second critère. En d'autres termes, il faut dire d'une part que les menteurs en viennent à croire que les pures fictions qu'ils produisent sont des souvenirs parce qu'ils leur attribuent une référence causale à une impression complexe passée, et d'autre part, que leurs mensonges restent des mensonges parce qu'aucune impression passée ne satisfait la description définie qui forme la signification de leurs idées. La même remarque s'applique à ce que Hume dit au sujet de la diminution possible de la force et de la vivacité d'une idée de la mémoire, qui peut dès lors « être prise pour » une idée de l'imagination. Les formulations mentionnées montreraient donc que Hume continue de soutenir que le second critère, quand bien même ne peut-il être appliqué en pratique, fait partie de la signification de l'idée mnésique.

Cette lecture n'est cependant pas sans soulever de sérieuses difficultés. Les deux principales touchent à l'affirmation selon laquelle le second critère consiste en une thèse causale. En premier lieu, cette affirmation néglige le fait que les deux distinctions évoquées tracent en réalité des limites

---

1. Le texte contient une ambiguïté. Il parle du fait que les menteurs en viennent à « se souvenir [de leurs mensonges] comme de réalités », ce qui suppose qu'il y ait dans ce cas un souvenir *effectif* (celui d'un mensonge), qui est incorrect dans la mesure où il présente une idée passée comme une impression. Le contexte favorise cependant la lecture selon laquelle l'erreur est telle ici que l'on n'a pas affaire à un souvenir *du tout*.

différentes. Si le second critère était une thèse causale, alors il devrait permettre de distinguer les souvenirs, qu'ils soient exacts ou inexacts, des fictions de l'imagination. Or, nous l'avons vu, le second critère, épistémique par son contenu, distingue les souvenirs exacts, d'une part, des souvenirs inexacts et des fictions, d'autre part. Il paraît donc difficile de l'assimiler à une thèse causale. En second lieu, comme le remarque J. K. McDonough[1], outre le fait que Hume ne mentionne nulle part une telle idée et que celle-ci n'a fait son apparition dans la philosophie du souvenir qu'à l'époque contemporaine, notamment sous l'impulsion de l'article classique de Martin & Deutscher[2], il est possible que certaines des difficultés rencontrées par Hume dans son analyse du souvenir proviennent précisément du fait qu'une telle thèse en est *absente*. Si la thèse causale doit entrer en jeu dans l'analyse du souvenir, c'est en effet (*pace* Flage) au niveau du critère qui assure la distinction catégorielle du souvenir. Des images mentales sont possibles qui sont parfaitement isomorphes à des impressions complexes passées, qui se conforment donc au second critère, et qui, cependant, parce qu'elles n'ont pas été causées par les impressions complexes passées, ne sont pas de nature mnésique. Face à un cas de ce type, pour que le premier critère joue son rôle catégoriel, il faudrait qu'il soit complété – ce qui n'est pas le cas – par la thèse causale. Autrement dit, sans elle Hume ne pouvait pas reconnaître la valeur catégorielle du premier critère ; il ne peut lui accorder tout au plus que d'être en pratique celui des deux critères qui permet de distinguer souvenir et imagination. Mais de ce fait,

---

1. 2002, p. 78 *sq.* sur la lecture causaliste de Flage.
2. *Cf.* la première partie de ce volume pour la présentation de cette conception.

Hume ne pouvait pas non plus reconnaître ce qui séparait le premier critère du second. La difficulté que constitue la confusion des deux distinctions s'expliquerait ainsi par l'absence de la prise en compte de la causalité [1].

LE SCEPTICISME MÉMORIEL. Il est notoire que Hume adopte une position sceptique à l'égard du souvenir. Mais quelle est-elle? Elle comporte au moins deux versants [2]. Le premier concerne la *nature* mnésique de l'idée. C'est «qu'une idée de la mémoire peut dégénérer en perdant sa force et sa vivacité, au point d'être prise pour une idée de l'imagination», et inversement. On peut donc douter de la nature mnésique d'une idée qui se présente comme telle, et à l'inverse, le critère de la vivacité, pourtant retenu par Hume, s'avère dans bien des cas incertain. Le second versant est *épistémique*. Comme le note le texte traduit, «il est impossible de rappeler les impressions passées pour les comparer avec nos idées présentes et voir si leur arrangement est exactement semblable» [3]. La forme humienne du scepticisme ne consiste pas à nier purement et

1. L'explicitation causale du critère phénoménal par Flage en termes de description définie conduit à attribuer à Hume une conception de type *réflexiviste*: une idée serait mnésique parce que nous *la tenons pour* une idée causalement dérivée de l'expérience passée de la perception qu'elle représente; son statut de croyance mémorielle ne pourrait lui être conféré par sa seule phénoménalité. D'autres commentateurs ont développé ce type de lecture (*cf.* W. Waxman, *Hume's Theory of Consciousness*, Cambridge, Cambridge University Press, 1994, notamment p. 33-35 et 66-68).

2. Sur le scepticisme, *cf.* I, 4. Voir notamment I, 4, 7, p. 358 : «La mémoire, les sens et l'entendement sont, par conséquent, tous fondés sur l'imagination, c'est-à-dire sur la vivacité de nos idées», *i.e.* en ce qui concerne la mémoire, notre conviction d'être en train de nous souvenir aussi bien que les croyances relatives au passé que nous fondons sur les souvenirs se réduisent à des idées pourvues de la qualité de la vivacité.

3. On retrouve cette même remarque chez Russell, *The Analysis of Mind*.

simplement la connaissance mais à révéler que celle-ci consiste en autre chose que ce que nous pensons ordinairement. Il s'agit d'un scepticisme déceptif et non d'un scepticisme nihiliste – un « scepticisme modeste », pour reprendre l'expression de Hume. Mais comment faut-il comprendre précisément le scepticisme épistémique exprimé par notre texte ? Deux réponses au moins sont possibles.

Selon une première lecture, Hume défend un scepticisme de la *limitation* de la connaissance[1], selon lequel la portée épistémique du souvenir a bien la structure qu'on lui attribue, mais s'avère plus limitée qu'on ne le croit en général. En d'autres termes, alors que le souvenir prétend donner une connaissance du passé, il ne peut, dans la réalisation de cette tâche, aller plus loin que les idées qu'il entretient (ou croit entretenir) au sujet du passé. C'est ce qu'exprime Hume lorsqu'il ambitionne d'« établir un système ou un ensemble d'opinions qui, s'il n'était vrai (car c'est peut-être trop demander), pourrait au moins satisfaire l'esprit humain et supporter au moins l'épreuve de l'examen le plus critique »[2]. Hume défendrait dès lors sur la question de la connaissance du passé un anti-réalisme modéré qui s'apparente au réalisme indirect.

Mais on peut aussi attribuer à Hume un scepticisme plus radical, qui consiste à *redéfinir* le souvenir et le passé[3]. Après tout, Hume dit lui-même (notamment dans le texte traduit) que le souvenir n'est jamais qu'une croyance, c'est-à-dire une idée vive. A prendre les choses précisément, le passé n'est donc jamais qu'un objet de croyance ; il n'existe qu'en tant que

---

1. *Cf.* D. Flage, « Hume on Memory and Causation », *op. cit.*, p. 242-244.
2. D. Hume, *A Treatise of Human Nature*, I, 4, 8, tr. p. 366.
3. Johnson, 1987, p. 352-5.

quelque chose que l'on croit. En abandonnant le second critère pour ne garder que le premier, Hume en viendrait donc à soutenir que c'est le souvenir qui *crée* le passé. Il n'y aurait en réalité rien à l'aune de quoi juger épistémiquement le souvenir. Si l'on suit cette lecture, le souvenir change non seulement de portée mais même de structure, car il ne représenterait pas un objet qui lui pré-existerait, mais créerait de toute pièce cet objet. Hume défendrait ainsi un anti-réalisme radical sur la question de la connaissance du passé. Si cette seconde lecture est séduisante, il reste cependant qu'elle s'accorde mal avec la théorie de la dérivation des idées à partir des impressions, qui favorise plutôt une position réaliste indirecte et se conforme à la modestie dont Hume qualifie son scepticisme.

TEXTE 2

CHRISTOPH HOERL,
« The Phenomenology of Episodic Recall »*

VII

J'esquisserai dans la suite de ce chapitre une approche de la phénoménologie du rappel épisodique qui, je l'espère, est capable d'éviter certains des problèmes rencontrés par les comptes rendus qui ont été discutés dans les deux dernières sections[1]. Au cœur de cette approche se trouve la notion d'image mentale mémorielle. Ma thèse sera qu'il y a une façon de comprendre la notion d'image mémorielle qui peut aider à expliquer ce que signifie qu'une personne a devant l'esprit un événement passé particulier. Mais je soutiendrai également que la notion d'image mémorielle ainsi comprise ne peut être séparée de considérations relatives à la nature particulière du

---

*Christoph Hoerl, « The Phenomenology of Episodic Recall », in Ch. Hoerl, Th. McCormack (éd.), *Time and Memory*, Oxford, Oxford University Press, 2001, p. 328-330, tradution D. Perrin.

1. [*NdT*: il s'agit des conceptions attributionnaliste et méta-représenta-tionnaliste auxquelles Hoerl fait allusion plus bas. Cf. *supra* dans ce même volume pour leur présentation.]

projet dans lequel un sujet est engagé lorsqu'il se rappelle des événements passés particuliers.

De prime abord, il peut paraître quelque peu paradoxal d'invoquer la notion d'image mentale mémorielle à ce stade. Les comptes rendus traditionnels du rôle joué par les images mentales dans le souvenir ont souvent subi le même type de critique que celle que je viens d'adresser aux théories attributionnaliste et méta-représentationnaliste du souvenir épisodique. La façon particulière dont la notion d'image mentale figure dans ces comptes rendus est illustrée par l'exemple suivant, dû à D. Pears (1975)[1]. Il pourrait arriver que j'aie l'image mentale d'une certaine personne. Cela pourrait soulever alors des questions telles que « Qui est-ce ? » ou « Où ai-je rencontré cette personne ? », et je pourrais essayer de faire correspondre un nom ou une occasion à cette image. Comme Pears le souligne, tant que l'on adhère à ce type de scénario, l'image mentale est conçue au mieux comme quelque chose qui se met en travers de la route qui nous relie à la réalité, quelque chose dont l'occurrence requiert une inférence ou une interprétation supplémentaire. C'est cette conception de l'image mentale que James a à l'esprit lorsqu'il dit que « nous peignons le passé éloigné, pour ainsi dire, sur une toile dans notre souvenir, et pourtant, bien souvent nous nous imaginons avoir une vision directe de ses profondeurs » (James, 1890 : vol. I 643). Selon cette façon de voir, la phénoménologie du souvenir consiste dans le fait que le sujet a devant l'esprit une apparition ou un état mental particulier situé dans le présent. Mais cette dernière propriété est précisément celle qui s'est révélée être si problématique au cours de la discussion des

---

1. « Russell's Theories of Memory », in *Questions in the Philosophy of Mind*, London, Duckworth, p. 234-248.

propositions précédentes, si on les lit comme des comptes rendus de la façon particulière de penser aux événements passés que le souvenir épisodique met à notre disposition.

Pourtant, comme Pears le souligne, une façon très différente de considérer l'idée d'image mémorielle se fait jour lorsque nous inversons la « direction d'ajustement » entre l'image et une question posée par le sujet. Si l'on commence avec une question comme « A quoi x ressemble-t-il ? » ou « Qui y avait-il à la fête ? », une image peut me venir en guise de réponse. Selon cette façon de voir, le discours qui porte sur les images leur assigne un rôle particulier dans le projet dans lequel le sujet est engagé. En termes précis, le fait que l'image a le contenu qu'elle a est en partie expliqué par le rôle qu'elle joue dans ce projet. Si l'image a le contenu qu'elle a, c'est uniquement en vertu du fait qu'elle est le résultat de l'activité dans laquelle je suis engagé. Dire que l'image arrive en réponse à une question équivaut à dire que c'est parce que j'ai l'image que je considère la question comme réglée.

Dans ce qui suit, je souhaite détailler la façon dont cette proposition peut être appliquée à un compte rendu de la phénoménologie du rappel épisodique[1]. Ce que je souhaite soutenir, c'est que cette proposition peut nous fournir une façon de comprendre la remémoration épisodique non pas comme le fait d'avoir devant l'esprit une propriété mentale

1. Mes pensées relatives à ce problème sont fortement influencées, d'une part par le compte rendu que Roessler donne de la perception ([« Perception, introspection and attention », *European Journal of Philosophy*, 7, p. 47-64] 1999), et d'autre part, par le compte rendu que Martin (chap. 10, ce volume [M. G. Martin, « Out of the Past : Episodic Recall as Retained Acquaintance »]) donne des liens du souvenir, de la perception et de l'imagination.

présente, mais comme le fait d'avoir devant l'esprit un événement particulier passé lui-même.

VIII

On peut trouver la pensée fondamentale sur laquelle je souhaite m'appuyer dans un texte tardif de Ryle, dans lequel il affirme que l'image mentale mémorielle « n'est pas quelque chose au moyen de quoi on parvient à se souvenir. Elle est le but, et non un véhicule, de la lutte pour se souvenir » (1971 : 398[1]). L'idée que j'emprunte à Ryle est qu'il y a un lien particulier entre la nature de l'image mémorielle et le projet spécifique dans lequel un sujet est engagé lorsqu'il se souvient. La première chose que je souhaite faire est de clarifier de façon précise en quoi ce projet peut bien consister. J'essaierai alors de clarifier le rôle que jouent les images mémorielles dans ce projet.

J'ai suggéré que la mémoire épisodique a un rôle épistémique particulier à jouer dans notre connaissance du monde. Plus haut, j'ai essayé d'expliquer ce rôle en considérant la situation dans laquelle les enfants pourraient se trouver avant que ne se développe en eux la capacité de former des souvenirs épisodiques. J'ai examiné en particulier la connaissance dont on peut dire que les enfants la possèdent en vertu de leur acquisition de scripts de certaines séquences d'événements. Former de tels scripts, ai-je soutenu, peut être vu comme impliquant une certaine capacité de généraliser à partir de l'expérience passée. Toutefois, tant que la mémoire

---

1. « A puzzling element in the notion of thinking », in *Collected Papers*, ii. *Collected Essays 1929-1968*, London, Hutchinson.

épisodique est absente, la compréhension que les enfants auront des types de circonstances qui rendent rationnel d'avoir les croyances généralisées qu'ils ont acquises restera toujours très limitée. J'ai soutenu notamment, en utilisant l'expression de Bill Brewer[1], qu'en un certain sens les enfants ratent « la façon dont ils ont raison » à propos des choses qu'ils croient parce qu'ils ne peuvent pas faire référence, dans la justification des croyances qui sont les leurs, aux événements passés particuliers dont ils ont eu l'expérience.

Les arguments que j'ai avancés dans ce contexte concernent les conséquences qu'un défaut général de souvenir épisodique pourrait avoir sur les capacités épistémiques des enfants. Cependant, il existe également des occasions dans lesquelles les conséquences d'un tel défaut peuvent nous devenir manifestes, à nous adultes, parce que nous sommes incapables de nous souvenir d'une occurrence passée précise. Il est possible que quelqu'un, sur la route de ses vacances, soit soudainement saisi par la pensée qu'il pourrait avoir laissé la cuisinière en marche à la maison. Peut-être est-il tout à fait sûr de l'avoir éteinte, mais ce qui lui échappe, c'est pourquoi il a raison de croire cela. Et la raison de son inquiétude est qu'il ne parvient pas à récupérer les bons types de souvenirs de ce qu'il a fait avant de quitter son domicile. Je pense que des cas de ce genre peuvent nous aider à comprendre plus clairement en quel sens la remémoration épisodique peut être une lutte, selon le mot de Ryle. Ce qui importe ici n'est pas tant que la remémoration épisodique entraîne toujours le processus laborieux de fouiller dans sa mémoire (bien qu'il l'implique parfois). C'est plutôt que la mémoire épisodique implique un projet dont le succès n'est pas garanti. Nous nous le donnons pour objectif, en certaines occasions tout au moins, et il nous importe car il peut nous permettre de savoir dans quelle mesure nous avons raison de croire certaines choses.

Je pense que ces remarques peuvent nous aider à mieux comprendre l'idée que l'image mentale mémorielle est un ingrédient essentiel dans la remémoration épisodique. En bref, si nous trouvons naturel de penser que la remémoration épiso-dique nécessite l'occurrence d'images mentales, c'est parce que nous pensons la remémoration épisodique comme une activité qui appartient à la même famille que la perception et l'imagination visuelles. Dans la perception tout autant que dans l'imagination, le sujet est engagé dans une espèce de projet particulière. Et parler d'images visuelles ou d'images créées en imagination peut être vu comme la tentative de détailler ce qu'implique le succès du projet particulier dans lequel le sujet est engagé. A chaque fois, la notion d'image mentale, ainsi comprise, fait partie du compte rendu de ce en quoi consiste, pour le sujet, de juger un problème particulier résolu. Je souhaite suggérer que la même chose s'applique à la remémoration épisodique et à l'idée d'image mentale mémo-rielle. Ce que je souhaite soutenir, notamment, c'est que la remémoration épisodique implique que l'on tienne grand compte d'une sorte particulière de compréhension causale. Dans la remémoration épisodique, l'activité du sujet est guidée par la maîtrise d'un ensemble précis de contraintes causales qui vont au-delà de l'ici et du maintenant. Si l'on considère les choses de cette façon, la remémoration épiso-dique peut être vue comme partageant certaines propriétés avec l'imagination, et d'autres avec la perception visuelle.

Traduction D. Perrin

COMMENTAIRE

L'article de C. Hoerl dont est extrait le texte traduit prend place au sein du débat entre les deux formes de réalisme distinguées dans la première partie du présent volume. Il compte au nombre des tentatives contemporaines d'élaborer une forme viable et convaincante de réalisme direct relativement à l'intentionnalité mémorielle. Mon commentaire expose d'abord les problèmes abordés par l'article et les thèses qu'il défend avant d'expliquer l'intérêt propre du passage traduit.

UNE DÉFENSE ÉPISTÉMIQUE DU RÉALISME DIRECT. L'analyse de Hoerl se présente d'abord comme une tentative d'élucidation du concept tulvingien de souvenir épisodique. Tulving définit ce concept au moyen de deux propriétés notamment. D'abord celle de (ne) porter (que) sur des événements passés particuliers, c'est-à-dire situés en un moment singulier et irréversiblement passé – propriété du «contenu» car elle spécifie ce que le souvenir[1] prétend représenter de façon

---

1. Comme précédemment, par «souvenir» il faut comprendre, lorsque je ne précise pas, souvenir épisodique.

correcte. Ensuite celle de se distinguer par un mode de conscience particulier[1] – propriété « phénoménologique » car elle spécifie la façon dont on a conscience des événements passés dans le souvenir épisodique et donc la façon dont ils nous y apparaissent. Cependant, il est possible de se souvenir de façon sémantique – « déclarative », dit Hoerl dans son article – d'épisodes particuliers. La particularité du contenu ne saurait donc suffire à distinguer la forme épisodique du souvenir de sa forme déclarative. Dès lors, la question est de savoir si, et si oui (comme le pense Hoerl) de quelle manière la phénoménologie du souvenir est susceptible de lui conférer l'épisodicité. En d'autres termes, quelle « façon particulière de penser à des événements passés particuliers », quelle « forme de conscience »[2] distingue certains de nos souvenirs comme épisodiques ? Hoerl soutient deux thèses corrélatives en réponse à cette question. La compréhension du passage suppose de les avoir en tête.

La première est la *thèse épistémique* (TE). Elle repose, pourrait-on dire, sur l'idée que la phénoménologie du souvenir épisodique doit être distinguée de sa phénoménalité. Selon une acception courante, les propriétés « phénoménologiques » d'un état mental sont celles dont rend compte une description de traits phénoménaux comme la vivacité, la familiarité ou la finesse du grain. Selon TE, une telle description n'est ni nécessaire ni suffisante pour distinguer la phénoménologie propre du souvenir épisodique. A la différence d'une approche qui privilégie cette description interne, Hoerl soutient en effet que

---

1. Il s'agit de la « conscience auto-noétique » de Tulving.
2. Ou selon l'expression consacrée reprise par Hoerl : « ce que cela fait » de se souvenir.

l'on ne peut rendre compte du mode de conscience propre au souvenir sans considérer la fonction que celui-ci remplit dans le contexte plus large de nos vies épistémiques ordinaires et des préoccupations dans lesquelles celles-ci sont enchâssées. Plus précisément, que les événements nous apparaissent comme ils nous apparaissent dans le souvenir ne peut être compris sans considérer l'inscription du souvenir dans l'activité finalisée (le « projet », dit Hoerl) de chercher à fonder les croyances que nous avons au sujet du monde, et en particulier, au sujet de la réalité passée. Hoerl explique cette fonction en examinant une forme de connaissance mémorielle des événements particuliers différente de la connaissance épisodique : celle propre aux scripts.

A la différence de la mémoire procédurale qui préserve uniquement la compétence pratique, la mémoire déclarative se distingue par l'accessibilité de l'information qu'elle transmet. Par exemple, la mémoire procédurale mise en œuvre lorsque l'on nage le crawl ne consiste pas en un ensemble de représentations conscientes qui expliqueraient quels gestes il faut accomplir pour réussir à nager le crawl. Elle n'inclut pas une information justifiant les gestes accomplis par le nageur. En revanche, la mémoire déclarative fournit une telle justification, en particulier dans le cas de la connaissance d'événements par script. Un enfant peut se souvenir (par ex.) des différents événements qui se produisent et se succèdent de façon ordonnée lorsqu'on se rend au restaurant. Doté de ce souvenir, il ne se contente pas d'accomplir les différentes actions requises par un repas au restaurant ; il peut les accomplir en se souvenant qu'il faut faire telle et telle chose en pareilles circonstances. La connaissance par script apporte donc une justification à la mémoire procédurale. C'est, selon Hoerl[1], un trait important de la distinction et du rapport entre les mémoires procédurale et déclarative. Toutefois, la rationalité que délivre le souvenir déclaratif de scripts reste limitée. Pourquoi?

Dans la connaissance par script, on ne se souvient pas d'occurrences singulières (*tokens*) d'événements mais uniquement de types (*types*) d'événements. La connaissance par scripts procède, en effet, par généralisation à partir des expériences passées, c'est-à-dire qu'elle n'encode l'occurrence d'un événement que pour confirmer ou amender un script. Si, par exemple, lors d'un dîner au restaurant, le dessert est précédé par l'extinction des lumières et un chant d'anniversaire, un enfant modifiera son script en y incluant la possibilité que l'on fête des anniversaires au restaurant et que le script se complète des événements en question. En revanche, il ne se souviendra pas de l'occasion particulière lors de laquelle cette version du script a été réalisée. La psychologie du développement remarque à ce propos que les enfants formulent très souvent la séquence d'événements que forme un script au temps du présent atemporel et en employant la deuxième personne du singulier de façon impersonnelle. Ils n'ont donc pas conscience des événements comme d'événements qu'ils ont vécus à tel moment particulier passé de leur existence.

La thèse de Hoerl est que le souvenir épisodique constitue un second niveau de rationalisation, plus profond, de notre connaissance mémorielle des événements passés, en ce qu'il permet de justifier le souvenir déclaratif des scripts. Ce qu'il apporte à l'enfant, c'est, selon l'expression de Brewer reprise

1. *Cf.* p. 319-22.

par Hoerl, « la façon dont il a raison » de croire les scripts qu'il maîtrise, en lui présentant les événements passés particuliers dont le script est une généralisation. Les croyances sémantiques trouvent en lui une forme de justification essentielle [1].

Connaissance par script	Connaissance épisodique
Script	Croyances factuelles
↑ *généralisation*	↑ *justification*
Expérience d'événements particuliers	Expérience d'événements particuliers

Selon Hoerl, les comptes rendus attributionnaliste et méta-représentationnaliste négligent complètement la fonction épistémique du souvenir épisodique que l'on vient de mettre en évidence [2]. La conscience épisodique consiste, selon eux, en la croyance que le contenu mental présent du souvenir a pour origine une expérience passée que le sujet remémorant a faite de l'événement représenté. Mais en réduisant ainsi ce que le souvenir épisodique place directement sous l'œil de l'esprit à quelque chose de présent, ils sont incapables d'expliquer ce qui justifie la façon dont cette croyance sur le passé est engendrée. Autrement dit, ils sont incapables de justifier le savoir qu'a le sujet remémorant qu'il est en train de se souvenir épisodiquement, ce que fournit précisément le souvenir épisodique lorsqu'il remplit la fonction épistémique évoquée.

---

1. *Cf.* p. 321-3.
2. *Cf.* l'exposé de ces conceptions dans la première partie du livre. Je me contente ici de rapporter ce que Hoerl vise en elles.

Dans le cas de l'attributionnalisme [1], la propriété présente d'une information d'être particulièrement précise ou riche de traits contextuels, ou encore la facilité particulière avec laquelle elle est récupérée forment le premier pas d'une inférence qui, à terme, conduit le sujet à croire qu'il est en train de se souvenir. Les propriétés présentes justifient donc une croyance au sujet du passé, mais rien ne justifie qu'on leur accorde ce rôle et qu'on opère l'inférence en question. Dans le cas du méta-représentationnalisme, le commentaire causal sui-réflexif justifie que l'on croie que le contenu d'information de premier ordre a pour origine causale exclusive une expérience passée et que ce commentaire vient de cette expérience lui aussi. Mais ce qui manque, là encore, c'est la justification du rôle qui est donné au commentaire sui-réflexif. Or comme dans le cas de l'attributionnalisme, seul ce qui s'est produit *dans le passé* pourrait apporter une telle justification. Le défi que relève Hoerl dans l'extrait traduit est précisément de montrer que le souvenir épisodique apporte une telle justification.

Attributionnalisme	Méta-représentationnalisme
Les propriétés de l'information récupérée ou de sa récupération	Le commentaire réflexif qui accompagne l'information récupérée
justifient	*justifie*
la croyance que l'information présente a pour origine causale une expérience passée du sujet remémorant.	la croyance que l'information présente a pour origine causale une expérience passée du sujet remémorant.
-	-
Justification du rôle donné à ces propriétés ?	Justification du rôle donné à ce commentaire ?

1. *Cf.* p. 324-6.

La seconde thèse soutenue par Hoerl dans son article n'est autre que celle du *réalisme direct* (RD). Elle est motivée par, et fondée sur TE. L'originalité de la défense que Hoerl apporte à RD et de l'élucidation qu'il donne du caractère direct du souvenir épisodique est ainsi de l'appuyer sur un examen de la place occupée par ce type de souvenir dans l'édifice de notre vie épistémique. Comme la lecture de l'extrait traduit va nous l'apprendre, cette défense et cette élucidation présentent deux traits remarquables. D'une part, elles recourent à une notion hautement représentationnaliste – celle d'image mentale mémorielle – et d'autre part, contrairement à une approche internaliste du souvenir, elles endossent la démarche propre à une approche écologique, par l'appel à la notion de projet.

PHÉNOMÉNOLOGIE DE L'IMAGE MÉMORIELLE ET COMPRÉHENSION CAUSALE. Les analyses précédentes nous permettent de comprendre les deux éléments principaux que renferme l'extrait.

Image et direction d'ajustement. Hoerl procède à une réévaluation du rôle des images mentales dans le souvenir épisodique. Il le fait en recourant à une distinction élaborée par D. Pears dans un commentaire critique de la théorie de la mémoire que défend Russell dans l'*Analysis of Mind*, dont on a vu qu'elle accorde une place centrale à la notion d'image mentale. Selon Pears, Russell sous-estimerait la différence qui sépare les deux façons dont une image mémorielle est susceptible d'entrer dans le souvenir. Il considère que le sentiment de familiarité attaché à une image est la propriété qui nous amène à la considérer comme une représentation du passé. Mais, selon Pears, le rapport au passé alors établi ne peut fournir une explication générale des images mémorielles. On peut s'en convaincre en invoquant les deux faits suivants. D'abord, la référence au passé établie par le sentiment de familiarité est indéfinie, alors que celle établie par l'image mémorielle épisodique est définie. Ensuite, de l'image qui vient en réponse à la question (par ex.) « De quelle forme était la fenêtre de votre chambre d'enfant ? », on ne dira pas qu'elle semble « familière » mais qu'elle semble « correcte ».

Hoerl reprend à son compte la distinction de ces deux cas. Selon la façon habituelle de poser la question de l'inten-tionnalité de l'image mémorielle, on considère que celle-ci pourrait, sans être modifiée, servir de contenu à un acte de l'imagination – c'est ce que soutiennent, par exemple, Russell (1921) et James (1890). A l'appui de cette affirmation, on argue souvent du fait que l'occurrence d'une image mentale nous laisse parfois dans l'incertitude sur son origine. S'agit-il d'une création de notre esprit ou de la reviviscence d'une expérience passée ? Et même si l'image surgit avec une richesse de détails et une prégnance particulières, la question se pose de savoir si l'on n'a pas affaire à un acte de l'imagi-nation exceptionnellement réussi plutôt qu'à un souvenir. Bref, considérée quant à son seul contenu représentationnel, l'image mentale ne suffirait pas à déterminer la catégorie intentionnelle à laquelle elle appartient.

Cette façon d'aborder l'image mentale mémorielle – ce type de situation (ou de « scénario ») qui la met en relation avec le passé – n'est en réalité pas la seule qui se présente dans notre vie de sujets de remémoration. La première thèse de l'extrait est qu'une autre façon est possible, qu'elle rend compte d'un bon nombre d'occurrences d'images mémorielles épisodiques et qu'elle correspond, précisément, aux cas où le souvenir nous met en relation directe avec le passé dans le but de remplir la fonction épistémique rappelée plus haut. Le scénario traditionnel tient pour acquis que la situation initiale est celle d'une occurrence fortuite d'une image à laquelle on cherche à accrocher un visage, un nom ou un événement qui lui correspondrait. Si, ensuite, le nom d'une personne que l'on a rencontrée récemment (par ex.) s'impose à nous, on dira alors que l'image mentale en question est une image mémorielle. Deux faits caractérisent donc ce scénario.

a) Premièrement, l'image y est d'abord dépourvue d'intentionnalité mémorielle; celle-ci ne lui est conférée qu'éventuellement et après-coup. Initialement, l'image n'est qu'un fait mental présent.

b) Deuxièmement, la «direction d'ajustement»[1] qui unit l'image à ce qu'elle représente va du nom d'une personne (dans l'exemple considéré) vers l'image, puisque le nom doit coïncider avec («s'ajuster à») l'image présente pour fournir la bonne identification de la personne.

La situation initiale qui conduit à l'occurrence d'une image mémorielle épisodique est loin d'être toujours celle qui vient d'être évoquée. Le scénario dans lequel elle intervient dans bien des cas débute plutôt par une interrogation sur le passé – du type «A quoi X ressemblait-il?» ou «Qui était présent à la fête?» – à laquelle l'occurrence de l'image mémorielle *succède* comme la réponse qu'on apporte à l'interrogation initiale. Dans de tels cas, l'image a les deux propriétés suivantes.

---

1. Pour une présentation de cette notion, *cf.* Searle (*Intentionality*, p. 22). Les exemples classiques sont ceux du désir et de la croyance. Dans le cas du premier, la direction d'ajustement va du monde à l'esprit, puisque la réussite d'un désir consiste en sa satisfaction, c'est-à-dire en la conformité du monde au désir. Dans le cas du second, elle va de l'esprit au monde, puisque la réussite d'une croyance consiste en sa correction, c'est-à-dire en sa conformité au monde.

a') Premièrement, elle possède d'emblée une intentionnalité mémorielle car, avant même son occurrence, la question à laquelle elle apporte une réponse la lui confère[1]. On n'a donc pas conscience de l'image comme d'un fait mental présent, mais d'emblée comme la présentation d'un individu passé.

b') Deuxièmement, la direction d'ajustement est « inversée », puisque ici c'est l'image qui doit se conformer à l'identité d'une personne pour en être la représentation. Il s'agit précisément du cas où l'on « fouille » dans sa mémoire pour retrouver une image qui corresponde au nom.

Scénario traditionnel James (1890), Russell (1921)	Scénario inversé Pears (1975), Hoerl (2001)
(1) Occurrence d'une image mémorielle ↓	(1) Occurrence présente d'une question ↓
(2) Recherche dans le passé de ce qui lui correspond	(2) L'image comme réponse présentant l'individu ou l'événement passé correspondant
- *Dir. Aj. : du nom propre à l'image présente*	- *Dir. Aj. : de l'image du passé à la question présente*

Le projet de justification comme contexte de l'image mémorielle épisodique. L'idée centrale de la section VIII est qu'une fois les deux directions d'ajustement possibles distinguées, on est en mesure d'élaborer une défense épistémique du réalisme direct, c'est-à-dire de reconnaître et d'élucider la phénoménologie propre au souvenir épisodique que forme la présentation par l'image mémorielle « d'un événement passé

---

1. Pears, « Russell's Theories of Memory », 1975, p. 240.

particulier lui-même devant l'esprit ». Pourquoi ? La thèse de Hoerl est qu'il faut comprendre la propriété d'être « direct », que l'on attribue si souvent au souvenir épisodique, comme qualifiant une fonction remplie par le souvenir au sein de nos vies épistémiques, et non pas comme une propriété métaphysique qui le placerait en un mystérieux rapport d'immédiateté avec le passé. Est « directe » la conscience mémorielle du passé qui peut servir de justification (de fondement) de nos croyances factuelles sur le monde, par exemple celle d'avoir fermé le gaz avant de quitter son domicile. Bien entendu, le souvenir possède une dimension représentationnelle et, dans cette mesure, entretient une relation « indirecte » avec le passé. Mais ce qui légitime l'application de l'adjectif « direct », c'est que l'on a un rapport immédiat avec la justification de la croyance que l'on entretient sur le passé, et non pas, comme la version métaphysique du réalisme direct l'affirme, avec le vérifacteur d'une telle croyance. Dans les termes de M. Martin (dont Hoerl s'inspire), le souvenir épisodique retient l'accointance passée, mais n'est pas lui-même une accointance avec le passé [1]. Or la justification d'une croyance sur le passé se satisfait de la première, et n'a pas besoin de la seconde. On peut alors comprendre l'importance de la position qu'occupe l'image mémorielle dans les cas évoqués par Hoerl (comme celui de la cuisinière). L'image y est en effet convoquée comme réponse à une « lutte » au terme de laquelle elle émerge éventuellement. De ce fait, elle y apparaît comme la rétention d'une accointance et produit l'expérience du

---

1. Voir M. G. Martin, « Out of the Past : Episodic Recall as Retained Acquaintance », *op. cit.*, p. 267, ainsi que la présentation de cette analyse de Martin dans la première partie du volume.

rapport direct – épistémique, et non pas métaphysique – avec le passé.

Hoerl ne s'en tient pas là. Il s'avance d'un pas de plus en procédant à l'élucidation de ce qui permet au souvenir de remplir son rôle de fondation épistémique, comme nous allons le voir maintenant.

La maîtrise des contraintes causales : le rejet de l'idée de « conscience additionnelle » (James). La prise en compte de sa fonction épistémique permet d'éclairer un trait majeur du souvenir. Il s'agit de la normativité causale qui lui est inhérente – ce sont les « contraintes causales » évoquées à la fin du texte – dont Hoerl propose une élucidation qui rompt avec certaines conceptions classiques. S'il est juste, selon lui, de comprendre cette normativité comme l'exigence d'avoir été soi-même témoin de ce dont on se souvient, il faut compléter cette caractérisation en ajoutant que ce qui est exigé est d'avoir été présent *là où* l'événement remémoré s'est produit afin de le percevoir. L'information spatiale joue donc un rôle essentiel dans le souvenir, et sa prise en compte est précisément ce qui permet de déjouer les conceptions de l'attributionnalisme et du méta-représentationnalisme. En effet, si l'on admet que le souvenir épisodique établit une relation directe avec l'événement passé sur lequel il porte, caractériser cette relation en termes spatiaux permet de dire que la propriété d'être direct s'explique à son tour par la présentation du rapport spatial passé qui se trouve à l'origine du souvenir ; en ce rapport, précisément, consiste l'accointance retenue. Autrement dit, présenter l'événement passé lui-même signifie aussi bien, pour le souvenir épisodique, présenter l'accès spatial passé à l'événement qui se trouve à l'origine du souvenir. Hoerl écrit ainsi, peu après le texte traduit : « Dans le souvenir épisodique, le monde tel qu'il était se présente devant l'esprit du sujet d'une façon telle qu'il apporte une réponse à la fois à la question de savoir ce qui s'est produit *et à celle de savoir ce qui place le sujet en position de savoir ce qui s'est produit, i.e.* qu'il était là pour être témoin de l'événement en question »[1]. L'erreur des conceptions discutées plus haut est de considérer que cette conscience prend la forme d'une information qui s'ajoute à la conscience de l'événement passé, par exemple une conscience réflexive qui porte sur l'expérience passée. En nous présentant l'événement passé, selon Hoerl, le souvenir nous présente *l'accès spatial passé* à l'événement plutôt que l'expérience passée. L'origine causale n'est donc pas livrée par une information supplémentaire, mais par l'information relative à l'événement passé elle-même.

La normativité causale et sa satisfaction permettent de comprendre comment le souvenir peut remplir sa fonction de fondation épistémique : en rendant manifeste que le sujet remémorant a rempli les conditions causales en question. Autrement dit – c'est un résultat important de l'article – si le souvenir réussit à justifier nos croyances en présentant les événements qui les fondent, c'est parce qu'il présente également l'accès direct aux événements qui a rendu possible cette présentation et qui légitime les prétentions du souvenir à son rôle de justification : « l'image rend manifeste au sujet l'accessibilité passée de l'événement passé dans l'expérience »[2]. En élucidant le rôle de l'information spatiale dans le souvenir épisodique, Hoerl se trouve en mesure de placer dans le

---

1. Page 332 (je souligne).
2. Page 333.

contenu du souvenir – plutôt qu'en un acte de réflexion sur celui-ci – la propriété de l'épisodicité [1].

Résumons :

> **Le réalisme direct (RD)**
> est fondé sur
> **la fonction épistémique du souvenir (TE)**
> qui est fondée sur
> **la maîtrise des contraintes causales**.

---

1. Pour que quelqu'un puisse se dire qu'il a un souvenir épisodique, « son état mental doit *déjà avoir* une certaine phénoménologie qui rende raisonnable de penser que son origine se trouve dans une expérience passée » (Hoerl, McCormack, « The Child in Time : Temporal Concepts and Self-Consciousness in the Development of Episodic Memory », *op. cit.*, p. 221).

TABLE DES MATIÈRES

Imprimerie de la manutention à Mayenne (France) - Septembre 2012 - N° 955228U
Dépot légal : 3ᵉ trimestre 2012